JN024884

経営学者 × YouTuber × 起業家 の著者が教える

一生使える プレゼンの 教科書

中川功一
KOICHI NAKAGAWA

東洋経済新報社

はじめに

コミュニケーション能力は、人生を、キャリアを、明るい方向に拓く。
コミュニケーション下手は、人生で、キャリアで、損をしてしまう。

　本書は、その事実から目を背けることなく、皆さんがより上手に生きられるようになることを願って執筆された、コミュニケーション能力を高めるための「プレゼンテーションの教科書」です。

　私、中川功一は、まだまだ世界的にも珍しい、経営学者から転身して経営者になった人間です。私のキャリアは、東京の私立大学の講師として、数百人の学生を前に講義をするところから始まります。その後、国立大学に動いてから、少数精鋭のトップ人材教育に携わってきました。学者としてはその間、国内外のトップ誌に論文を発表したり、大規模な調査プロジェクトのリーダーをしたり、国際学会で座長を務めたりもしました。

　経営者に転じてからは、オンライン経営スクールの学長として、日々、数百人の受講生に向けてインタラクティブな講義を提供しています。経営学の普及のために始めた YouTube「中川先生のやさしいビジネス研究」は4.7万人のチャンネル登録者を獲得しました（2023年12月末日時点）。著作は、本書で16冊目となります。2022年には、ベンチャーキャピタルから3000万円を資金調達し、さらに2023年には、クラウドファンディングでも3000万円を調達しました。

　そんな私のキャリア半生を振り返って思うのは、いついかなるときでも、私がプレゼンテーションの能力で生き抜いてきた、ということです。教師として、研究者として、YouTuber として、起業家として、さまざ

まな困難を経験してきましたが、どんなシーンでも、私は自分のプレゼンの技術と、その基礎にあるコミュニケーションの能力が何よりも役立ってきたと実感しているのです。

なんなら、ここまでの文章だって、皆さんはスッと読めてしまったのではないですか？

どこでも求められるようになった「プレゼン」

今やプレゼンという行為は、この社会の隅々にまで広がり、スキルとしての重要度も日増しに高まっています。職場の中では、多様なメンバーの意思統一のために、わかりやすく説明することが求められます。営業職は、顧客に自社製品の価値を腹落ちしてもらわなければなりません。起業家は、顧客や投資家、従業員をひきつけるために、自分の世界観を上手に表現しなければなりません。YouTube や TikTok での成功にも、上手く自己を表現する技術が求められます。

あらゆるシーンで、プレゼンの能力が求められるようになっている。だからこそ、プレゼンを苦手として、悩む人も増えている。プレゼンが上手にできるようになったら、さまざまな場面で、皆さんは、もう少しずつ得をするようになれるはずです。自分に自信もついてくる。少なくとも、プレゼンに悩むことはなくなるはず。

だとすれば、今、皆さんがやるべきことは、プレゼンの正解を知り、ここでプレゼンを得意科目にしてしまうことではないでしょうか。

プレゼンを科学する

この本は、巷にあふれる「人をひきつけるしゃべり方講座」だとか「コンサルタントが教える資料づくりのコツ」の類いの指南書ではありません。あるいは、「スティーブ・ジョブズはこうやっていた」みたいな、達人を素材にしたハウツー本でもありません。

本書はプレゼンテーションについて、「科学的な理論とエビデンス」に基づいた、教科書として作成されたものです。

しゃべるとは、どういう行為なのか。資料は、どうあるべきなのか。軽快な視聴体験とは、どのようなものか。心理学、医学・生理学、社会学、経営学……、それらの学術成果を総合的に用いて、理論とエビデンスの裏づけをとりながら、プレゼンを科学する。科学的な裏づけの下に、ビジネス実務で生きる仕事術を伝える。それは、経営学者としてキャリアをスタートした私だからこそできる仕事で、私がやらなければいけない仕事だと思ったのです。

科学的にプレゼンを学ぶ。その意味で、本書が最初に示しておかなければならない科学的エビデンスは、本当にプレゼンが人生やキャリアを好転させるのか、でしょう。

実は、これまでさまざまな方法で検証されてきましたが、ここでは米国で行われた「コミュニケーション能力（以下、コミュ力）と数学的思考力（以下、数学力）の、どちらがどれだけ時間当たり賃金の上昇に効果を持つのか」を追跡した、かなり厳密な調査の結果を紹介しましょう。[※1] この研究は、全米の国勢調査と職業データを結合した、実に30年分のデータベースを用いて検証した、こうした調査としては最も大規模なものです。その結果は、驚くべきものでした。

自然に考えれば、両方の技能が高い「高コミュ力、高数学力」な

※1　Deming (2017).

仕事に就いている人が、最も賃金がアップしているはずです。しかし、実際のところ、1990年と2000年は、むしろ「高コミュ力、低数学力」な仕事をしている人のほうが、賃金上昇率が高かったのです。ただし、2005年と2010年では「高コミュ力、高数学力」が逆転しています（STEMの重要性が高まっている）。

　ここで注目すべきは「低コミュ力、高数学力」の仕事の賃金上昇率です。両方のスキル要求度が低い「低コミュ力、低数学力」より高いのはよいですが、「高コミュ力、低数学力」に比べるまでもなく低迷しています。数学力よりもコミュ力だという厳然たる事実が、ここで示されているのです。

図表 0-1　　**賃金に影響するのは、数学力よりコミュ力**

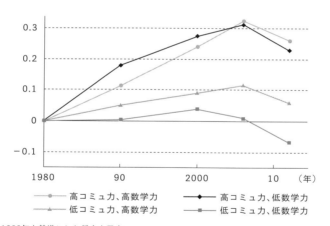

注：縦軸は1980年を基準とした賃金上昇率。
出所：Deming（2017）.

　これが良いことなのかどうかは、また別の話です。これを「おかしいことだ」として、課題解決のためのアクションをとることも大切でしょう。しかし私は、社会というものがそのようにできてしまっている以上、

他者とのコミュニケーションを苦手科目にし続けていてはいけない、と考えるのです。

　私たちは、この厳然たる事実からスタートしなければいけない。コミュニケーションを苦手にしていると、経済的には割を食う可能性が高い。なればこそ、思いを伝えること、他者に受容してもらうこと、良き関係をつくること……。そんなエッセンスがぐっと詰まった「プレゼン」を学んで、話し方や構成の練り方、資料のレイアウトに場のつくり方まで、コミュニケーションの技術を磨いてほしいと願うのです。

　ここで、どうか皆さんには、安心していただきたいと思います。
　実際のところ、コミュニケーション能力は、誰しも改善可能なのです。

　科学とは何か。科学とは、理屈が明らかになっていて、かつ、実証されているということ。あるいは、再現性があるということ。それは、私なりの表現を使えば、「誰にでもやさしい」ということです。正しく用いるならば、どんな人でも扱えるものが、科学です。
　それはノーベル賞を得たような研究でも何ら変わりません。京都大学教授・山中伸弥さんのiPS細胞の論文を読み、同じ実験設備（決して高級なものではない）を揃えれば、高校生でもiPS細胞をつくれる。それが科学です。
　エビデンスがあるということは再現性が担保されているということであり、理屈がわかっているということは、そのやり方まで示されているということ。これが、経験則やノウハウとの違いです。経験則は、再現性が担保されていません。ノウハウには、明文化されていない「わざ」と「腕」が求められます。
　プレゼンがとても苦手な人でも、しゃべることが生来、得意ではない人でも、再現性ある理論を理解し、その実践方法を学べば、以前よりは

確かに、上手くプレゼンができるようになる。科学であるとは、すべての人にやさしく、開かれた知識である、ということなのです。

　科学者としてキャリアを出発し、ビジネス界に転じた私は、この科学の「やさしい」精神に立脚して、ビジネスの悩みを解決しなければならない、と考えています。愛を込めて、すべての人のための、一生ものの能力となりうるプレゼンの教科書を、皆さんに受け取っていただければ幸いです。

2024 年 1 月

中川功一

CONTENTS

第 2 章 ▶「説得力」を高める

第 2 部

ストーリーをつくる

第 3 章 ▶ 伝わる「構成」のつくり方

第 4 章 ▶ 聞き手の理解度を高める「表現」

第 3 部

スライドをつくる

第 5 章 ▶「リスクフリー」な 資料は自分を助ける

第 6 章 ▶「ストレスフリー」な 資料は聞き手が喜ぶ

第 4 部

実演する

第 7 章 ▶ 科学的に上手な「話し方」

第1部 プレゼンの心得

第1章

プレゼンをめぐる「誤解」

　プレゼン力は、単なるしゃべりの上手さではありません。意識の高い大学生や、コンサルタントだけがやることでもありません。自分の意見を押し通すための技法でもありませんし、相手を上手く丸め込む技法でもありません。プレゼン力を磨いたって、しゃべりだけの薄っぺらい人になるとか、本当に良いことならばプレゼンなどをしなくとも、必ず相手に伝わる……といった、願望のような誤解もあります。

　本章は、こうしたプレゼンをめぐる誤解を解きながら、プレゼンが、何のために、どのように行われるべきものなのかを説明します。古代ギリシャの時代から、正しくかつ人の心を動かすように説得する技術は、とても重視されてきました。決して、舌先三寸の技というわけではありません。プレゼンが、人生を拓き、社会を変えるための技法であることを、まずは理解しましょう。

プレゼン力は「ただのしゃべりの上手さ」ではない

　本章では、まず「プレゼンとは何か」について、皆さんにしっかり腹落ちしていただこうと思います。プレゼン力の価値や、学ぶことの意義を理解しないことには、本書を読み進めていくモチベーションも、高まらないですよね。そこで、「プレゼンとは〇〇ではない」の形式で、プレゼンをめぐる誤解を解くところから始めて、プレゼンとは何なのか、という問いに迫っていきます。

　まず、いちばん最初に伝えておきたいことは、「プレゼン力は、しゃべりが上手いということではない」ということです。この点は、プレゼンをめぐる世間における最も大きな誤解です。

　「プレゼンが上手いということは、しゃべりが上手いということだ」。確かに、目に見える形としては、そのとおりです。しゃべりはひどいがプレゼンが上手い、なんていうことはありえません。

　ですが、**プレゼンの場で上手にしゃべれるということは、単に「しゃべりが上手い、面白い、たくみである」という以上のこと**なのです。わかりやすいシナリオが組み立てられており、エビデンスや理屈も示されており、資料は見やすく、場の空気も上手につくって、何より内容が充実していて、そして話もたくみであるときに、私たちは「この人、しゃべりが上手いな」と感じる。しゃべるということを中核的な要素としながら、伝えるために内容・構造・資料・場づくりまで総合的に準備されているものが、プレゼンなのです。

　舞台袖からパッと出てきて、数分間の漫才をしてみせるお笑い芸人さ

んを見て、私たちが感じる「話が上手い」にしても同じことです。彼ら／彼女らはその場でのしゃべりもすごいですが、練り込まれた構成、吟味された内容、自分たちをどう見せるかまでを徹底的に分析し、数百回では済まないリハーサルと本番がなせる総合力で、私たちを魅了しているのです。

図表1-1 **プレゼン力はコミュニケーションの総合力である**

扱うテーマと内容

資料のデザイン

しゃべりのたくみさ

自然な立ち振る舞い

聴衆を巻き込む場づくり

　では、プレゼンが上手いとは、どういうことでしょうか。きちんと定義するなら、「総合的なコミュニケーション能力が高い」ということになるでしょう。コミュニケーション能力とは、平たく言えば、他者と意思疎通を上手に図る個人能力のことです。学術用語としては、「ある特定の文脈においてメッセージの伝達や解釈、意味の交渉ができる能力」とされます。^{※1}プレゼンの場でいえば、使える手段を総動員して、自分

のメッセージを正しく伝えながらも、聞き手の意図をもちゃんと汲み取って意見交換ができる能力、となるでしょうか。

　日本のコミュニケーション研究における重鎮である大坊郁夫さんたちは、このコミュニケーション能力について既存研究の整理・統合を行い、ENDCORE（エンドコア）モデルを提唱しています。[※2] ENDCOREとは、Encode（自己を表現する能力）、Decode（他者の発言を受け止める能力）、Control（自己を統制する能力）、Regulate（他者との関係を調整する能力）の4要素です（図表1-2）。「上手なしゃべり」の背後では、これらの力がフル動員されているのです。

　プレゼンの力を磨いていくということは、これらの総合的な能力を高めていくことです。表現する力、他者を理解する力、自己を統制する力、

図表1-2　**コミュニケーション能力を構造化した ENDCOREモデル**

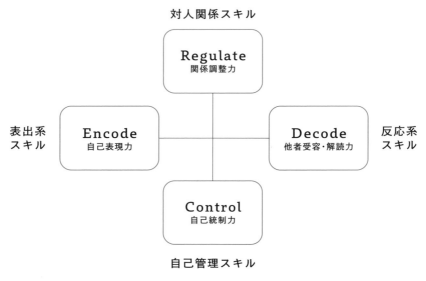

出所：藤本・大坊（2007）をもとに作成。

16

そして、上手に関係をつくる力。これらは要するに、ビジネスパーソンとしての基礎力です。皆さんは、仕事は抜群だけどプレゼンは下手という人には、あまり会ったことはないはずです（その逆はあるかもしれませんが）。プレゼンの上手さと仕事の上手さは、ある程度相関する。それもそのはず、2つの背後で機能している、これらの基礎的な能力が同じだからです。ひるがえって、プレゼンをしっかり磨いていくことで、仕事で求められるコミュニケーション能力も磨かれていくことにもなるのです。

　本書は、そのような思想のもとにデザインされています。プレゼンの力を磨くことを通じて、総合的なコミュニケーションの能力を高めていく。「プレゼンなどしょせんはしゃべりの技術だ」などと、侮ることなかれ。上手にプレゼンができるということの背後では、場を理解し、上手に他者と関係をつくり、必要としていることを端的に伝え、納得できるエビデンスを示し、さらには相手の心をも動かせるような働きかけ方ができるという、多種多様なスキルが作用しているのです。

※1　日本語での解説としては、齋藤（2004）に詳しい。学術用語として初めてコミュニケーション能力を定義したのは Hymes（1972）です。
※2　藤本・大坊（2007）。このモデルが現在までの決定版とされています。たびたび再検証も行われており、一定の信頼性が担保されています（藤本、2013）。

「プレゼンより内容」
ではない

　「表層的な話の上手さに騙されないで、内容できちんと評価しよう」「プレゼンを磨くよりも、その内容の水準を上げよう」。それはもちろん、そのとおりです。プレゼンは、内容があってこそ。ですが、だからといってプレゼンなんて適当でよい、というのは大きな間違いです。

　内容の良し悪しと、プレゼンの良し悪しで、4パターンに分けて考えてみましょう。いちばん良いのは、内容もプレゼンも優れていることであるのは一目瞭然です。一方で、最も悪いのは、内容もプレゼンも劣っていることでしょう。問題は、図表1-3の網掛け部分を比較したときです。「優れた内容だが、伝わらない」場合と「内容は稚拙だが、よく伝わる」場合のどちらが良いでしょうか。

図表 1-3　**内容とプレゼンの良し悪しのパターン**

		プレゼン（伝える技術）	
		秀でている	劣っている
内容	秀でている	優れた内容が、よく伝わる	優れた内容だが、伝わらない
	劣っている	内容は稚拙だが、よく伝わる	内容も稚拙で、伝わりもしない

どちらも、相手に伝えるべきことを伝えきれなかったという意味で、等しく問題とすべき状態だということが、皆さんもわかると思います。ですが、場合によると、内容はひどかったが、思いだけは伝わった、というほうがよいことだってあるのです。

伝えられないことは、内容そのものが正しくないことと等しく問題です。このことは、古代ギリシャの時代から重く受け止められていました。**いくら正しい知を学び、それを正義の心で使おうとも、人々にその考えを伝えることができなければ、社会を正しい方向に導いていくことはできない**。このような考えから、当時の学園「アカデメイア」では、知を学ぶことと同じだけの比重で、知を伝える技術である修辞学（rhetoric：レトリック）が重視されていたのです。[3]

図表1-4　良きリーダーの条件

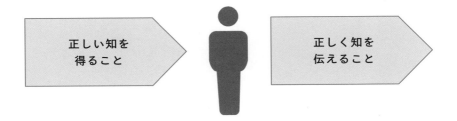

古来、社会の良きリーダーには、
正しい知を得ることと同等に
正しく知を伝えることが求められた

正しい知を
得ること

正しく知を
伝えること

古来、良きリーダーには、社会をより良い方向に導くためにこそ、よく学び、正しい知識を得ることが求められていました。それと同時に、自らが学び得た知識を人々に正しく伝え、人々の思考や行動を変容

※3　Herrick（2020）.

させることも、リーダーとしての責務だとされていたのです。知を得ることは、1人の人間のありようを変えます。一方、その知を伝えることは、多数の人々のありようを変えます。この意味で、正しいことを知ることと同等に、その知を正しく伝えることが大切とされたのです。

　このようにして、古代においては、知の巨人アリストテレスがプレゼンの技法を「弁論術」としてまとめているほか、[※4]中世には中等ないし高等教育における自由七科（リベラルアーツ）と呼ばれる基礎的な学芸7つのうちの1つに、この修辞学が位置づけられています。[※5]

　また、現代産業社会においては、「経営学の父」と呼ばれるピーター・ドラッカーにより、他者に正しく伝え、その心を動かすコミュニケーションの技能こそが、企業のリーダーが修めるべき技能の1つであると位置づけられています。[※6]

　内容こそが大切であることは事実です。ですが、その内容を正しく伝えるためのプレゼンもまた、軽んじられることなく磨かれなければならないのです。あなたが正しい知識を得ることと、あなたの周囲の人が正しい知識を得ることは、等価なのですから。

※4　アリストテレス（1992）。
※5　Herrick（2020）.
※6　ドラッカー（2001）。

03 プレゼンは「意識高い系大学生がやること」ではない

　プレゼンは、学生時代にゼミでやらされるもの。就活のときの自己アピールのために磨くもの。あるいは、スティーブ・ジョブズなどに憧れている、意識高い系大学生がやること——という認識も一部にはあるようです。これも大きな誤解です。私たちの日常には、プレゼンの機会があふれていますし、社会におけるプレゼンの重要度は日増しに高まっています。

　たとえば、折に触れて訪れる、自己紹介の機会。会議室の中で、結婚披露宴で隣になった人同士で、営業先で。１年間の中でも、意外とあるのが自己紹介です。あなたはそこで、状況に応じた内容を織り交ぜ、限られた時間の中で、自分のことを紹介する必要があります。この自己紹介を、寒い・気まずい感じにもせず、スマートにまとめられるようになりたいと思っている人は、結構いらっしゃるのではないでしょうか。自己紹介は、端的にプレゼンの能力が光る場面です。

　あるいは、定例の社内会議。10分程度でまとめる、定例の報告事項にしたところで、仲間の意欲や気分を高めたり、新しい気づきをもたらしたり、テンポよく場を生産的にすることはできるのです。逆に言えば、10分の定例報告のあり方が、人々の気を削ぎ、意識を散漫にさせ、退屈な時間だと感じさせ、職場に少なからぬ悪影響を与えうるということも、皆さんは認識すべきです。定例の社内会議を、つまらないものや、やらされ仕事と捉えるか、人々に前向きな働きかけができる場とするかは、個人にとっても組織にとっても小さくない分かれ目でしょう。

まだまだいくらでもあります。営業現場、求職活動、新人教育、部下への指導、提携先との交渉、投資家へのプレゼン、選挙活動、社会運動、マスメディア、SNS……。**現代では、私たちの社会活動のかなりの部分を、誰かが誰かに説明・説得する行為が占めるようになりつつある**のです。

　イリノイ州立大学名誉教授のディアドラ・マクロスキーの推計によれば、図表 1-5 に示すように、2005 年の米国で行われた労働の約 19％が説明・説得行為であり、GDP（国内総生産）の少なくとも 25％ が説明・説得行為から発生したものであるとされます。管理職ともなれば、その業務の 75％ までが他者を説得することで生じているとされ、米国の全雇用 1 億 4200 万人のうち、2300 万人以上が、業務の 75％以上を人に説明・説得する仕事としていると推計されています（図表1-6）。[7]

図表 1-5 「説明・説得」が米国経済に占める割合

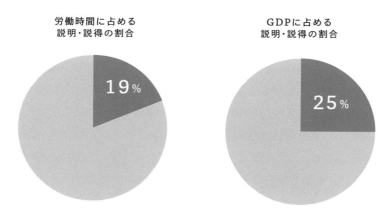

労働時間に占める
説明・説得の割合

19%

GDPに占める
説明・説得の割合

25%

出所：McCloskey（2007）より作成。

図表 1-6 米国の全雇用1億4200万人に占める
「他人に説明・説得する」仕事の割合

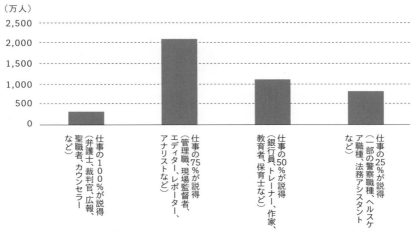

（万人）

| 2,500 |
| 2,000 |
| 1,500 |
| 1,000 |
| 500 |
| 0 |

仕事の100％が説得
（弁護士、裁判官、広報、
聖職者、カウンセラー
など）

仕事の75％が説得
（管理職、現場監督者、
エディター、レポーター、
アナリストなど）

仕事の50％が説得
（銀行員、トレーナー、作家、
教育者、保育士など）

仕事の25％が説得
（一部の警察職種、ヘルスケ
ア職種、法務アシスタント
など）

出所：McCloskey（2007）より作成。

　GDPの4分の1までが説明・説得業務であるとする推計は、しっかりと受け止めるべきでしょう。さらに、こうした数値に出てこないところで行われている小さな説明・説得を含めていけば、私たちの産業活動の少なくない割合が、コミュニケーションで成り立っているのです。あなたのまわりで日々生じる大小のプレゼン機会を、苦手意識なくスマートにこなしていけるようになれば、この社会で活躍するための大変有用な力になると思いませんか。

※7　McCloskey（2007）.

プレゼンは「意見を通すためのもの」ではない

　これもよく誤解されている点です。プレゼンは、何のために実施するのか。自分の意見を押し通したり、他人を丸め込むために行ったりするものではないことは、ここで強調しておきたい点です。

　プレゼンとは、あくまで自分の考えを正しく伝える行為です。それを相手がどう受け止めるかは、相手に委ねるのが正しい。とはいえ、他人に否定されるために、あなたはプレゼンをするわけではないでしょう。自分の意見を聞き入れてもらい、相手の意見も聞き、相互の立場が尊重される未来の方向性を見つける。それがプレゼンのあるべき姿なのです。

図表1-7　**プレゼンのあるべき姿、間違った姿**

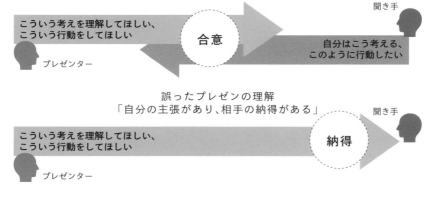

プレゼンは、双方向的な現象である

正しいプレゼンの理解
「双方の主張があり、相互の合意がある」

聞き手

こういう考えを理解してほしい、
こういう行動をしてほしい

合意

自分はこう考える、
このように行動したい

プレゼンター

誤ったプレゼンの理解
「自分の主張があり、相手の納得がある」

聞き手

こういう考えを理解してほしい、
こういう行動をしてほしい

納得

プレゼンター

プレゼンとは、双方向的な現象である、ということです。もっと平たく言えば、あなたが発表しているのは、意思を持った人間に向けてである、ということです。相手からの反応があって初めて、プレゼンは完成します。自分が言いたいことを、好き勝手に話せばよいわけではありません。

この点を誤解していると、プレゼンの場では、相手をとにかく自説で屈服させなければならない、と考えがちになってしまいます。自分の主張には一分の隙もなく、相手にはそれを全面的に受け入れさせなければならないとする誤解です。相手の論破がプレゼンの成功であり、異論が出るのは自分のプレゼンのまずさゆえである、とするのは誤りなのです。

相手もまた、自分と同じく意思がある人間で、その人なりの考えや立場があるということを理解しているなら、異論、反論が出るのは自然なことであることに気がつくことができます。プレゼンは、きちんと自分の考えを伝える場ではあるけれども、相手がそれをどのくらい受容してくれるかは、相手次第なのです。反論や別の見方も当然のように出てきて、それを議論する中から、お互いが合意でき、進んでいける未来を見つけていく。

このような方向性でこそ、あなたはプレゼンの技術を磨くべきです。めざすべき方向は、ぐうの音も出ないほどに自説を完璧に語れるようになることではありません。自分の立場と考えを、誤解されることなく、正しく受け止めてもらえるようになること。そのうえで、相手の立場も尊重し、決して押しつけようとはせずに、フラットに議論をスタートさせられるようになること。

相手の意見に傾聴し、お互いに望ましい着地点を描けるようになること。それが、プレゼン磨きのゴールです。ですから、プレゼンの技術には、話し方や資料の見せ方だけではなく、良き議論ができる話し合いの場をつくることも含まれてくるのです（詳しくは、第8章を参照してくださ

い）。

　余談かもしれませんが、どうも日本における政治や社会運動のリーダーには、この「相手との相互理解を構築し、物事を適切に前進させる」という技術が不足しているように思います。政治家も、社会運動家も、相手の理解を求めず、ひたすらに自説を振り回すきらいがあります。良い活動をしていても、ひたすらに攻撃的であったりして、支援の輪が広がらないこともあるようです。日本社会は、人とディスカッションをすることが苦手だとされますが、その原因の１つが、意見を異にする者同士で双方向的な対話をする技術に欠けている点にあるのかもしれません。

　「日本人はディスカッションが苦手」である理由について、たとえば上田安希子さんは、日本と米国のコミュニケーションスタイルの違いにあるとし、実験を通じて以下のようにまとめています。

　日本での会話は、お互いに同じ文脈の中にいることを前提に、細かく

図表１-8　日米の会話フォーマットの違い

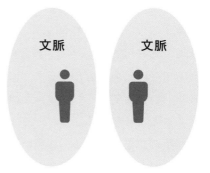

日本の会話フォーマット　　　　米国（英語）の会話フォーマット

文脈

文脈　　　文脈

日本は共通の文脈の中で
相互構築的に会話するのに向く
（共通文脈がないと会話しづらい）

米国は文脈が異なることを前提に、
相手の立場を考えながら
会話するのに向く

相づちを打つなどして会話を形成していくため、文脈・意見を共有しているとスムーズだが、文脈が異なる人、立場や主張が異なる人同士の会話を得意としない。一方、米国の会話は、相手が違う立場であることを前提に、まず相手の話をしっかり聞き、文脈が異なっていることを前提に意見のズレをはっきりさせる傾向にあるとしています。[8]

　このモデルからすれば、日本人は意見や立場が違うと、共有できる文脈がないことから、会話を上手に進めていけないということになります。そして、文脈を共有できないことにいら立ち、ストレスを感じ、相手に同じ文脈で議論すること＝同じ意見を持つことを望んでしまうのです。

　環境問題、人権問題、経済問題、少子化に高齢化……、日本ではさまざまな社会問題が噴出していますが、論陣を張る人は総じて攻撃的で、賛同するにも反対するにも、ある種の覚悟を要求されます。社会の重大問題から目を背けず、良き議論をしていくためにも、「論破をするためのプレゼン技術」ではなく、「双方の理解を促進するための、議論を促進するためのプレゼンの技術」を、磨いてもらいたいものです。

---

[8] 上田（2008）。

「プレゼンができなくても、 誰かが自分の価値に 気づいてくれる」ことはない

　日本に根強い「信仰」の１つに、正しいことを愚直にやっていれば、いつかはまわりの人々が気づいてくれる、というものがあります。良いものづくりをしていれば、わかる人は必ず気づいてくれる。正しい主張をしていれば、必ず人は耳を傾けてくれる……。

　以前は小学校によく置かれていた二宮尊徳像。寡黙に仕事に打ち込む職人。縁の下の力持ちとして、深夜に整備点検を行う技師たち。清らかな心で毎日をつつましく、一生懸命暮らしているシンデレラ……。どうもそういう「自分、不器用ですから」的な、派手なアピールをせず地道に一生懸命努力する姿勢は、日本的な美徳感覚に訴えかけるものがあるようです。

　一生懸命頑張ることは、素晴らしいことです。そんな彼／彼女らを、私は別に否定するわけではありません。とはいえアピールは、してはいけない悪徳なことなのでしょうか。自分が頑張っているなら、その頑張っていることを人に知ってもらうことは、むしろ良いことではないでしょうか。

　もちろん、実力や内容が伴っておらず、ただアピールが上手いだけではダメなのは確かです。ですが、どうも世間では「実力が伴うかどうか」にかかわらず、アピールすること自体が気に食わないという方がいらっしゃるようです。「口の上手い人が評価されるのはおかしい」「口達者な奴に丸め込まれている感じがする」などなど。

　ぜひここで、考えてみてほしいのです。同じ努力をし、同じ成果を出

している人が2人います。1人は、それを上手に伝えることができ、もう1人はそれを伝える能力がない。もちろん、均等に評価をしてあげたいですが、前者のほうが社会的なリターンを得やすいことは自明です。

この現代社会で不利益を被らないためにも、努力を続け、成果を出し続けている自己の利益をきちんと守るためにも、あなたの努力は他人に知らしめられるべきです。

今日、上手にアピールできることは、いっそう社会的な重要性を帯びるようになってきています。それはつまり、アピールできない人は、いっそう割を食う時代になっているということでもあります。

その最大の理由は、急速に進展しているアテンションエコノミーです。人間が1日の中で注目（attention）を向けられる対象には限りがあります。だから、**注目を集められるかどうかが、経済的な価値を持つようになるとするのが、アテンションエコノミーという考え方です**。

このことは、ノーベル経済学賞を受賞したハーバート・サイモンによって、すでに1970年代には予言されていました。[9] サイモンは、人間の認知能力に限界があることを基点に経済・経営の仕組みを理論化しました。そんな彼の一連の研究の中で、物的な資産や金銭的資産は増大を続け、コンピュータの処理能力も拡大し続けるうちに、私たちの認知能力こそが最も希少な資源にもなり、最も価値を持つものになると予見されたのです。

私たちの認知能力に限界があるということは、上手に人々の注目を集められる人や組織が、経済的な力を有するようになる、ということです。事実、この21世紀にはまさにサイモンが予測したとおりの社会が到来しています。通信技術・情報技術が発達し、誰もが発信を行えるようになり、情報がひたすらに過多になった現在では、すべてはまず注目を集めることが起点になって（しまって）います。YouTuberが過激に

※9 Simon (1971).

なるのも、TikTokerがセクシーに踊るのも、インフルエンサーが物欲にまみれた写真をアップするのも、ご意見番タレントが逆張りし続けるのも、芸能ウラ話を暴露するだけの人が国会議員になってしまうのも、すべてアテンションエコノミーの産物です。

図表 1-9　アテンションエコノミー

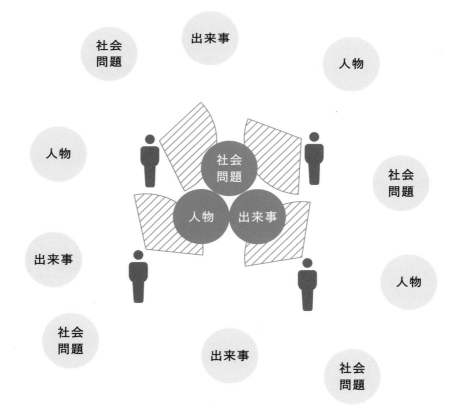

私たちの限られた認知能力では、
数ある事象のごく一部にしか注目できない

図表1−10は、私が近畿大学の中村文亮さんたちと行った「大学生たちが支持する人物の分析」の結果です。タレントとして抜群の知名度を誇る有吉弘行さんがトップで、次いでひろゆきさん、朝倉未来さんなどのSNSで人気のインフルエンサーが続きます（とはいえ、朝倉さんからすでに好感度3を割り込むのですが……）。

　総理大臣である岸田文雄首相や、著名な知識人である落合陽一さんなどよりも、インフルエンサーのほうが高い好感度を持っています。ひろゆきさんも、朝倉未来さんも、一般的には賛否両論ある言動を行う人物として知られており、必ずしも「良い人物」として人々の前に現れているわけではありません。

　ですが、炎上も辞さないそうした姿勢によってアテンションを集めることで、人々の支持を集められることを、彼らはよく理解し、それを利用しているのです。

図表1−10　**大学生が支持する人物**

人　物	好感度
有吉弘行（タレント）	3.53
ひろゆき（インフルエンサー）	3.13
朝倉未来（インフルエンサー、格闘家）	2.78
岸田文雄（総理大臣）	2.60
落合陽一（知識人、アーティスト）	1.86

注：好感度平均は、とても好き＝5、やや好き＝4、どちらともいえない＝3、やや嫌い＝2、とても嫌い＝1
　　で示してもらった。
　　N＝581。アンケートは関東・関西の2つの大学で実施した。

今後もさらに情報技術が発達し、情報の自由化・民主化が進み続ける中では、アテンションエコノミーは加速こそすれど、衰退することは考えにくいでしょう。そんな時代を生き抜くためには、その善悪を論じる前に、まずは一定の注目を得る技術こそ身につける必要があるのです。もはや、積極的に注目を集められるようでなくては、幸運を味方につけない限り（たまたま有名人が取り上げてくれるなど）、誰もあなたに気がつかないのです。

　これは別に、有名人の世界だけではありません。就職・転職の際も、社内会議の折にも、サークルの中でも、どんな場でも、アテンションエコノミーの力学が働いています。プレゼン能力は、そんな現代社会を生き抜くうえでの、重要な競争力となります。アピールできないことがあなたの弱点にならないようにするためにも、一定のプレゼン力を、皆さんには習得してもらいたいと思います。

「しゃべりだけ磨いたって、薄っぺらくなる」ことはない

　「プレゼンを磨いたほうがよいですよ」という助言をきちんと受け止めてくださらない方も、残念ながらいらっしゃいます。かなり言葉を尽くして説得しても、どうしてもやってくださらない方は、一定数いらっしゃるのです。その理由はどうも「しゃべりなんて磨いても、単にしゃべりが上手くなるだけ」という誤解——すなわち、「しゃべりができるだけのヤツなんて、中身が伴ってなくて、薄っぺらい」という誤った認識にあるようです。

　実際のところ、相手に上手に話す力を高めることは、単にしゃべりが上手くなるという以上の効果をもたらします。再び、日本のコミュニケーション学の権威・大坊郁夫さんたちの研究を参照してみることにしましょう。

　今回紹介するのは、学生たちを対象に、コミュニケーションスキルを再構築するトレーニングを行った実験の結果です。[10] この実験では自分の伝え方の問題点を発見し、改善するトレーニングを行ったのですが、その結果は終了後3カ月を経ても、依然として非言語的な表現能力や、他者心理の察知能力、自己のコントロール能力、対人感受性などが改善し続けていました。上手に相手に伝える訓練をすることを通じて、感受性なども含めた総合的な対人関係能力が磨かれていたのです。

　しゃべりを磨くことは、総合的な対人関係能力を高めるだけではありません。もう1つの重要な効

※10　大坊（2006）、後藤ほか（2004）。大坊さんは日本社会心理学会会長などを務めた心理学の重鎮です。

図表 1-11 しゃべりのトレーニングは
　　　　　総合的な対人関係能力を向上させる

トレーニングによるコミュニケーションスキルの変化			
	開始時	終了時	3カ月後
非言語的な表現能力	59.97	63.35	63.66*
他者心理の察知能力	18.38	19.34	20.34*
自己のコントロール能力	23.07	23.83	24.45*
階層的関係調整	11.76	11.72	12.03
対人感受性	7.69	7.93	8.41*
あいまいさ耐性	10.31	10.90	10.76
特性シャイネス	52.17	49.45	48.14*

注：*を付した箇所は、統計的な有意差があることを示す。
出所：後藤ほか（2004）を一部修正。

果が、**自己肯定感の向上**です。自己肯定感（self-esteem）とは、自分自身
の価値や能力に対する信頼感など、自己についての肯定的な感覚のこと
です。コミュニケーション能力と自己肯定感には、密接な相互関係があ
ることが知られています。

　コミュニケーションが上手に行えるほど、自分の考えを正しく相手に
伝えることができ、それが相手からの承認にもつながるため、自己の能
力や価値をよく感じられ、自己肯定感は高まります。そしてまた、自己
肯定感が高いほど、自己開示に積極的になり、少々のミスにもへこたれ
ずにアクティブに他者とも交流を持つようになるため、コミュニケー
ション能力も改善するのです。[11]

図表1-12　コミュニケーション能力と自己肯定感は
　　　　　　相互に高め合う

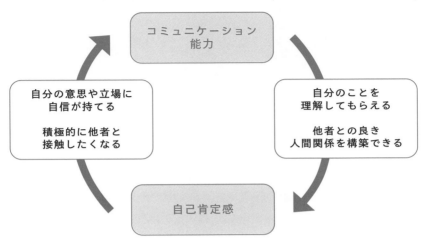

コミュニケーション
能力

自分のことを
理解してもらえる

他者との良き
人間関係を構築できる

自己肯定感

自分の意思や立場に
自信が持てる

積極的に他者と
接触したくなる

出所：Wrench et al.（2020）をもとに作成。

　自己肯定感の低下は、メンタルの弱さ、無気力感、挑戦意欲の低下、自己を守るためにマウントを取ろうとする、といった態度につながります。他方、自己肯定感が高まれば、打たれ強く、何事にもやる気と挑戦心を持てるようになり、他人の評価にも左右されにくくなります。[12]

　プレゼン能力磨きは、決して薄っぺらい人物などを生み出したりはしません。むしろ、プレゼンを磨くことを通じて、社会で活きる広範な技能と、充実したメンタリティを備えた人物こそが、育まれていくことになるのです。

---

[11]　Wrench et al.（2020）.
[12]　シュタール（2021）。

それでは、
プレゼンとは何なのか

　ここまで、さんざん「プレゼンとは○○ではない」を繰り返してきました。では、プレゼンとは何なのかと問われたら、それは「相手を説得すること」だと言えるでしょう。正しく情報を伝え、それをしっかりと受け止めてもらうこと。資料やマイクなどの道具の有無も問いませんし、相手が1人であるか多数の群衆であるかも問いません。時間の長さも多様ですし、話す内容も問いません。オンラインかリアルかも、問われません。与えられた条件の下で、相手に理解・納得してもらうことが、プレゼンです。

　この、「相手を説得する行為」であるプレゼンを、上手にやりきるためには、どんな力が求められるのでしょうか。まずは、プレゼンという場が科学的にはどう捉えられるのかを確認しておくことにしましょう。図表1-13は、米国で活躍したコミュニケーション理論家デイヴィッド・ベルロによる、対人コミュニケーションのモデルです。[※13] 単純化すれば、ある人から他の人へと情報伝達が行われる際には、①発信者（話し手）、②内容、③手段、④受信者（聞き手）の4つの要素が存在しています。

　この理論に即して考えるならば、説得が成立するためには、「内容」を磨き込み、「手段」を磨き込み、「発信者」も磨き込んだうえで、「受信者」の状態を整えることが発信者には求められる、ということになります。この4種の要素を整える力を高めることで、プレゼンは成功しやすくなるのです。

　本書は、この考えに沿って構成してみました。

図表 **1-13** **対人コミュニケーションのモデル**

この第1部では、引き続きプレゼンの基本として、プレゼンとは何か、説得をするとはどういうことなのか、を考えていきます。

第2部からは、具体的なプレゼンの技術の磨き込みを進めていきます。どのような内容にすることで、相手に伝わるのか。ストーリー構成や、あなたが示すべきエビデンスなどを説明します。

第3部では、プレゼンの手段を磨いていきます。多くの場合、あなたがプレゼンの場で頼りにできるのは、自分自身がその日のために用意してきた資料です。この資料づくりのカギは「リスクフリー＆ストレスフリー」なのですが、その意味と、実現方法をじっくり説明していきます。

第4部では、まず発信者自身の能力向上策として、話し方をどう磨いていくかを扱います。次に、受信者の状態を整えるべく、プレゼンの場をどのように発表者として構築していけばよいかを議論します。

最後に、付録として、これらの学習内容を踏まえ、実践例として、私自身の模擬プレゼンをいくつか皆さんにお見せします。これはYouTubeで公開している動画と連動した内容としていますので、

※13 Berlo（1960）.

37

ぜひ動画と見合わせながら、私の方法を参考にしていただけたらと思います。

プレゼンの力は、「伝えること」の大切さがいっそう高まっている現代社会において、確かに、あなたの未来を拓く助けになるはずです。ぜひ、皆さんには本書を最大限に活用していただければ幸いです！

図表 1-14　**本書の構成**

第1部 プレゼンの 心得	第1章　プレゼンをめぐる「誤解」 第2章　「説得力」を高める
第2部 ストーリーを つくる	第3章　伝わる「構成」のつくり方 第4章　聞き手の理解度を高める「表現」
第3部 スライドを つくる	第5章　「リスクフリー」な資料は自分を助ける 第6章　「ストレスフリー」な資料は聞き手が喜ぶ
第4部 実演 する	第7章　科学的に上手な「話し方」 第8章　生産的な「場づくり」

第 **2** 章

「説得力」を
高める

　意外かもしれませんが、説得力は、さまざまな科学分野の発達よりもはるかに早い時期から、研究・教育の対象とされてきました。人と他の生物種を決定的に分ける違いは、言語を操れることです。言葉を使うことができるからこそ、遠く離れた地の人にまで情報を届けることができ、時を超えて知を紡ぐことができ、そして、社会を構築することができた。そうした言葉というものの力をよくよく熟知していたからこそ、古代人たちは言語コミュニケーションの技術を早くから研究し、教育していたのです。

　そうした研究の金字塔が、古代ギリシャの哲学者アリストテレスによる『弁論術』。彼のまとめた「ロゴス・パトス・エトス」は、現代においてもなお、他者説得の基本３要素として残り続けています。本章ではこの基本３要素を学び、プレゼン力の基礎を整えていくことにしましょう。

説得の3要素
ロゴス・パトス・エトス

　プレゼンの本質は、相手を説得することです。先述のように、それは古代においても民衆を導く指導者の基本素養であると考えられてきました。そのため、相手を説得する行為は当時から盛んに研究され、教育されてきました。

　そんな研究の中で、2000年以上の時を経た現代においても、金字塔とされる成果であり、教科書とされるものが、古代ギリシャの哲学者・アリストテレスが残した『弁論術』です。※1 この中で、**説得のための必須3要素とされたものが、「ロゴス・パトス・エトス」**です。本書の中でも、これが最も重要な概念となります。

図表 2-1　**説得の3要素**

ロゴス Logos	パトス Pathos	エトス Ethos
論理が通っている	感情が入っている	人として信頼できる

　まずロゴス（logos）とは、ギリシャ語で「理性」や「言葉」を意味する言葉です。この言葉を語源としている英語がロジック（logic：論理）、つまり、根拠を伴う筋の通った議論を行うことです。いかに正しい事柄であっても（たとえば「選挙に行こう」など）、理屈が通っていなければ、相手は説得されません。「選挙に行こう」と唱え続けるだけでは、相手の行動は変わりません。なぜ選挙に行かなければならないのかを、論理

やデータで説明されなければ、人は納得せず、行動を変えもしないのです。

次に、パトス（pathos）とは、ギリシャ語で「感情」を意味する言葉です。単に筋道の通った議論や根拠を見せられるだけでは、人は説得されません。近年、脳科学の発達により、人の意思決定の大半は情動（心の動き）であり、論理はそれを後づけで補佐しているにすぎないとする研究成果も出ています。[2] 私たちは心で納得しなければ説得はされないのです。皆さんも、ロジカルに語るだけでは人を説得することはできないということは、深く肝に銘じておきましょう。どうプレゼンにパトスを込めるかは、後述します。

最後に、エトス（ethos）とは、「精神」や「性格」を意味する言葉です。つまり、話し手が良い精神を有していることを指します。その話し手の日頃の様子や、これまでの実績、話すときの振る舞いなどから、信頼できる人だなと思われたときに、人は説得されるのです。

このエトスから派生して、現代の英語でいうエシックス（ethics）、すなわち「倫理」という言葉が生まれています。その言葉を語るに足る人格であることが、他人からの信頼につながり、言葉に説得力を持たせてくれるのです。伝説的な野球選手であるイチローさんに「言葉とは、何を言うかではなく、誰が言うかに尽きる。その『誰が』に値する生き方をしたい」との言葉がありますが、[3] これは歴史に残る名言だと言ってよいでしょう。結局、言葉の力とは、その発言者の力なのです。

本章は、このロゴス・パトス・エトスの3点から、プレゼンの基本中の基本として、あなたが説得力をどう高めていけばよいのか、そして、プレゼンの基本形にそれをどう反映させていけばよいかについて、考えていきます。

---

[1] アリストテレス（1992）。

[2] 渡邊・船橋編（2015）。

[3] 「イチロー、40歳にして惑わず　ヤンキースでの決意」『日本経済新聞』2013年2月13日。「何を言うかではなく、誰が言うか」は、もはや日本の新時代のことわざと化していますが、そのオリジナルがイチロー選手であることはあまり知られていません。経験が言わしめるイチローさんのこの言葉は重いです。

ロゴスの構築①
むずかしいことをやさしく

　説得の基盤となるのは、何よりもまず理屈が通っており、相手が正しくその情報を理解できることです。感情的に受け入れられるか（パトス）、相手が信頼に足るか（エトス）に先んじて、まずはロゴス、話のロジックがしっかり構築できていなければ話になりません。

　しかし、正しいことを堅牢な理屈で固めて発言したからといって、相手が理解・納得に至るとは限りません。それは、相手の知性が足りないからでは決してありません。論理的に話すことは、スキのないガチガチの構造やエビデンスを相手に突きつけることではないのです。

　ロジカルに話すとは、「**話の本質的な内容を損なわないようにしながら、わかりやすく伝える**」ということです。難しいことを難しいままに話すことを、ロジカルであるとは言いません。元々の内容が難しければ、図やたとえを使ってわかりやすくする。本当かなあ、と聞き手が疑問に感じる部分は、データや実例を示して合点がいくようにする。**自分がパーフェクトな論理を展開できることではなく、聞き手の頭の中にできる限り同じ論理を再現せしめることが、ロジカルに伝える（ロゴスのある説得である）ということ**なのです。

　「伝える」ということを生業としている演出家・構成作家たちの間で、語り継がれている標語があります。『ひょっこりひょうたん島』などの作品で知られる、昭和を代表する劇作家・井上ひさしさんの言葉です。[※4]

　この言葉は、知っておいて損はないでしょう。むずかしいことは、最大限やさしくして伝える。簡単だな、取るに足らないことだな、と流し

図表 2-2 ロゴス構築のカギ

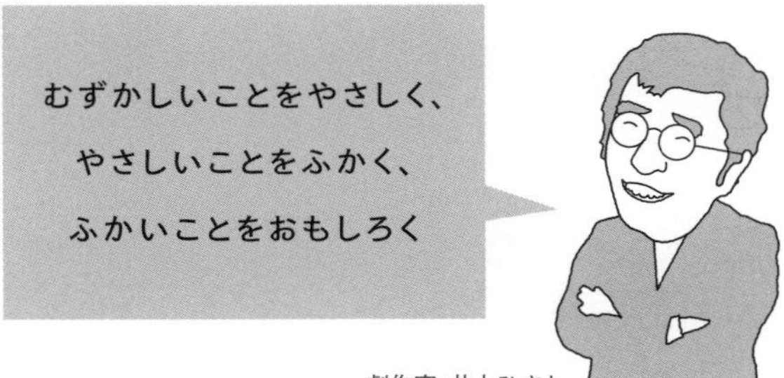

> むずかしいことをやさしく、
> やさしいことをふかく、
> ふかいことをおもしろく

劇作家・井上ひさし

てしまうような「やさしいこと」は、それがいかに大切なことなのか、ふかく伝える。そして、最後は本当に難しいことですが、ふかいことを、いかにおもしろく伝えられるかが、劇作家や演出家としてのわざなのだ、と。

　舞台やドラマ、音楽、あるいはアニメなどの表現者の世界は、わかるように伝えるということがすべてに先立ちます。脚本がマズいとか、大根役者である、といったことは要するに「どういうシーンなのかが伝えられていない」ということです。何が語られているのかがわかる、というのが表現における第一歩なのです。

　プレゼンも同様です。難しい事柄を、難しいままに伝えて、聞き手が10％しか理解できないなら、それは失敗です。ロジカルな説明とは、「理屈が通ってさえいればよい」わけではないのです。どれだけ難しいことでも、最大限やさしく表現するように努める。そのまま話したならば10％しか理解できないであろうことを、20％にでもよいから改善することが、プレゼンターとしての努力義務です。難しいことを言って「どうせ、みんな、わからないだろうけどもね」などという態度で煙に巻くなど、もってのほかです。ロジカルに伝えるとは、わかるように伝え

※4　井上（2011）。

る、ということなのです。

　しかし、やさしく語るときに、肝心の要素・本質が抜け落ちてしまってはいけません。メッセージの中核部分を失わないようにしながら、簡単に表現することが、求められるということです。これこそが説得で求められるロゴスです。

　では、どうすればよいか？　そのカギは、自分で説明していて難しい話だなと思ったならば、その部分の伝え方の戦術を変えることです。端的に言えば、**具体は抽象に、抽象は具体にする**ことが、ここで有効となる手段です。

　話が難しい、というのは大別して2パターンあります。

図表 2-3　**手段としての具体と抽象**

　第1は、そもそも主張自体が難しすぎて理解できない、というケースです。これは、抽象的なメッセージにあたる部分が、相手の理解を超えているときに生じます。相手のこれまでの人生経験や学習内容からすると、あなたの話している内容があまりにも突飛すぎると思われているのです。そんな内容を相手に理解してもらおうとするなら、抽象的なメッセージをそのまま伝えようとしても、上手くいきません。だから、具体化して実例やたとえ話で説明するのが、最善の手段となるのです。

　たとえば、「最低賃金アップは、社会的弱者に厳しい政策である」という主張があります。経済学を学んだ人は、その理屈がわかるかもしれませんが、多くの方は、「本当か？」と思われるのではないでしょうか。これが、「プレゼンターの主張が理解できない」ケースです。理屈が飛躍しているように感じるのは、あなたのこれまでの人生経験からすると、この抽象的なメッセージが現実と乖離しているように感じるからです。「最低賃金が増えれば、最低賃金ギリギリで生きている社会的弱者の方々を救えるのでは？」という経験則的な理解があるから、今のままでは主張が理解できないのです。

　ここで、経済学者がよくやるように、グラフや数式を持ち出して説明しても、実はあまり有効ではありません。仮にその数式自体は理解してもらえたとしても、結局、それが現実に当てはまるかは、腑に落ちていないからです。抽象のままでは、いつまでたっても現実感が湧いてきません。

　そのことを実感していただくために、今から「最低賃金アップは弱者に厳しい」という主張を、抽象的な経済モデルで説明してみせましょう。皆さんは、**なるほど理屈はわかった。けれども、現実にそうなるのか疑問が残る**、という状態になってしまうことを実感できるはずです。

　「図表 2-4 は、労働の需要・供給に関する経済モデルです。労働者のほうは、賃金が増えれば労働供給を増やしたい、と思うはずです。ですから、賃金が増えるほど労働量が増えるという右肩上がりの線になります。他方、労働者を雇用する企業は、賃金が増えれば多くの人を雇えなくなりますから、労働需要は右肩下がりの線になります。競争原理に任せておけば、この交点で賃金水準と労働量が決まります。

　しかし、実際のところは、競争原理に任せてしまうと、賃金は私たちが生活できる水準にはならなくなってしまいます（需要と供給の交点は、一般的にとても低い賃金水準になります）。働かなければ生きていけない人々

に対して、企業はその足元を見て、安い賃金を設定するからです。そうした状況にならないように最低賃金は、社会で生活するために最低限必要な額を保証するために、この交点よりも上で設定されます。

　それが、図表2-5です。最低賃金が設定されることによって、労働需要が抑制される一方で、労働供給が増えるため、その差分として失業が発生するのです。このようにして、最低賃金がアップすると、その分だけ失業が増えます。そのときに働けなくなるのは、最低賃金分の働きができない、障害や病気を抱えている人などの社会的弱者となるのです」

図表2-4　**賃金と労働量を求めるモデル**

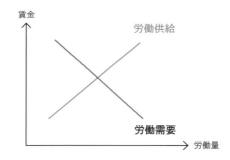

図表2-5　**最低賃金と失業の関係**

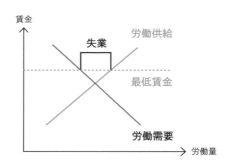

　いかがでしょうか。確かにグラフ上では、そのとおりですね。説明された理屈のとおりではあります。しかし、どうでしょう。皆さんは依然として、狐につままれたような気分、経済学者に上手く丸め込まれているような気分がするのではないでしょうか。つまり、**抽象度が高くて、話している内容に実感が持てていない**のです。

　こうした状況では、以下のように具体的な例を挙げて説明することで、ぐっと話がわかりやすくなります。

　「最低賃金が、仮に時給1000円から、1100円に増えたとしましょう。人件費が1割もアップするわけですから、今のままの雇用を続けていては、会社は赤字になってしまうかもしれません。皆さんが経営者なら、どうしますか？　雇用を減らしますよね。

　では、そうした雇用調整の対象になるのは、社内のどういう人でしょうか？　経営者としては、生産性がどうしても低くなりがちな方から、辞めてもらいたいですよね。つまり、低スキルの方や、障害をお持ちの方、あるいは家事・育児と両立しながら時短勤務などで働いている方から、経営者は雇用調整をせざるをえなくなります。

　ですから、最低賃金アップは、社会的弱者の生活を苦しくしてしまう政策なのです」

図表 2-6　**最低賃金アップは、社会的弱者に厳しい政策**

このように、現実的な状況を想定して説明すれば、確かに賃金アップは社会的弱者に厳しい政策なのだなと、その主張に納得ができるようになったはずです。そして、具体例で納得を得た今ならば、グラフや数式といった「抽象」に戻っても、皆さんは納得できるようになっているはずです。

　このような理由で、抽象的なメッセージのままでは理解が難しいときには具体例を使うことが有効な戦術となるのです。

図表 2-7　プレゼンは「相手の脳内スクリーンに
　　　　　映像を投影する」ように行う

　物事を理解するという事象は、頭の中で何が起こっているのかを再現することができるということです。この意味で、**プレゼンは「相手の脳内スクリーンに映像を投影する」ように行うべし**、と解説されることもあります。相手の頭の中で、再現可能なだけのリアリティのある話にしてあげること。それが、抽象を具体にするということです。

03

ロゴスの構築②
具体でダメなら抽象化

　ちなみに、逆のバージョン「具体を抽象に」は、もっと簡単です。人の話が難しいと感じるもう1つのパターンは「結局、何が言いたいのかわからない」ときです。話が長い。くどい。ストーリーが複雑すぎる。そうしたときにはズバッと、シンプルで抽象的なメッセージにまとめる。すなわち、具体を抽象にするわけです。

図表 2-8　**具体で伝えられないとき**

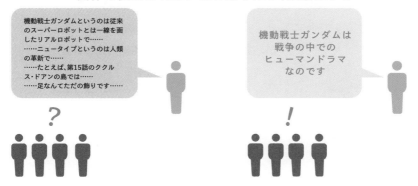

具体で伝えられないなと思ったら、抽象にする

機動戦士ガンダムというのは従来のスーパーロボットとは一線を画したリアルロボットで……
……ニュータイプというのは人類の革新で……
……たとえば、第15話のククルス・ドアンの島では……
……足なんてただの飾りです……

?

機動戦士ガンダムは
戦争の中での
ヒューマンドラマ
なのです

!

　えてして、事実というものは、単純には言い切れないような複雑なものであり、またその解釈も多義的になってしまうものです。たとえば、自分の趣味や、好きな漫画、あるいはアイドルを説明してみてください。皆さん、好きなものであればあるほど、語りたいことが山ほど出てきて、

整理がつかなくなるはずです。いろいろなエピソードも披露したいし、こんな側面も、あんな側面も、みんなに知ってもらいたいと思うはずです。

　団らんの場でリラックスして、時間無制限に話しているならば、それでもいいでしょう。しかし、プレゼンの場において15分で語らなければならないとすれば、無軌道に話したいことを話していても、「この人は○○のことが大好きなんだな」ということしか、相手には伝わりません。

　だからこそ、なるべく本質的なことを失わないようにしながら、抽象化してシンプルにまとめる。「ガンダムというのは、戦争の中でのヒューマンドラマなんです」「ラグビー日本代表が躍進できたのは、ワンチームになれたからです」「ももいろクローバーＺは、いつだって全員が全身全霊、一生懸命だから、推せるのです」などなど（私自身はこれらのコンテンツについてあまり知っているわけではないので、上手く要点を抽出できているかは不安ですが……）。具体で話していても、結論が伝わらないなと思ったら、まずシンプルに要点を抽出して、それに沿って厳選したエピソードをひもづけていくほうが、相手に内容を理解してもらえるようになります。

　ロジックの通し方にも、具体と抽象という、２種類のアプローチがあります。一方で伝わらなければ、他方を使うのが、本当の意味での論理的な説得なのです。

04

ロゴスの構築③
説明せずに、経験してもらう

　ロジカルであるとは、堅牢な理屈を理路整然と話し尽くすことではなく、相手がわかるようにするために「むずかしいことをやさしく」することです。そのための第1の手段は、具体と抽象の転換でした。そして第2の手段は、説明と経験の転換です。

　説明を受けても、その論理に合点がいかないことはあります。たとえば、ボールを遠くに投げるやり方です。投げる角度は45度であるとか、腕の振り方、ステップの踏み方などをいくら伝えても、相手は「わかった」とはならない。いかに具体・抽象を使い分けても、です。

　ボールの投げ方をマスターするには、ボールを投げるしかないのです。言葉を尽くすよりも、経験するほうが、はるかに容易にその理屈を理解できることがあるのです。この意味で、ロゴスの力を高めるために、皆さんは「説明しない」という高度な技能を身につける必要があります。言葉を使わず、経験を通じて理解を育むこともまた、「ロジカルな説得」の手段なのです。

　人は、どのようにして知識を習得するのか。その手がかりとなるのが、ラーニングピラミッドという概念です。

　ラーニングピラミッドは、教育学分野で早くも1950年代に登場している、「人の理解・納得を実現するための教育法」に関する概念です。[5]ラーニングピラミッドのパーセンテージ自体には根拠はなく、このモデルが厳密に実証されているわけではありません。ですが、このモデ

※5　Letrud（2012）.

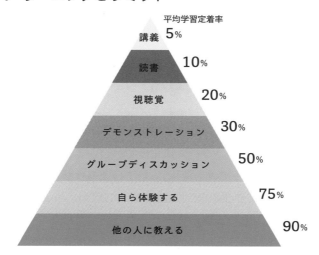

図表2−9　ラーニングピラミッド

平均学習定着率

講義	5%
読書	10%
視聴覚	20%
デモンストレーション	30%
グループディスカッション	50%
自ら体験する	75%
他の人に教える	90%

ルは「人が納得する」という現象の本質を捉えていることから、今でも、教育者はどうあるべきかを伝えるものとして、よく引用されます。

　ラーニングピラミッドが私たちに伝えてくれるのは、説明という行為では、相手には十分に伝えきれないということです。自分から能動的に、頭を動かし手を動かし、経験的に学ぶことでこそ、納得感を得られるのだということ。だからこそ、教育者は説明を尽くそうとするよりも、相手に経験してもらうように教育の場をデザインすべきだということが、このモデルで述べられています。

　近年は日本でもようやく、聞くこと・読むことよりも、経験することが学習には大切であるという考え方が普及してきました。小中高大、各カテゴリーでアクティブラーニング（ディスカッションを通じて経験的に学ぶ教育法）が実践されるようになってきているようです。

　そう、良き教師は「教えない」のです。言葉を尽くして、授業の時間いっぱいにしゃべり倒したとしても、伝わらない。本当に伝えたいと願

うなら、教師は口を閉ざし、代わりに学生が口を使うべきなのです。グループワークやディスカッションなどの方式を採用するほうが、学びの効果ははるかに高まります。

　プレゼンにも、積極的にこのアイディアを取り入れましょう。あなたが説明を尽くしても伝わらないと思ったならば、相手に考えてもらったり、実際に行動してもらったりするのです。いくつかの方法を図表2-10に示しましたので、あなたのプレゼンにぜひ組み込んでみてください。これらの方法をひとたび実践してしまえば、あなたも「説明しない」ことの意義・効果を理解できるはずです。自分は説得が楽になり、相手は理解が楽になる。効果は劇的です！

図表 2-10　プレゼンの理解を高める経験学習の工夫

視聴覚に訴える	
動画を用いる	長いと逆効果だが、1〜3分程度の動画は説得力を高める
効果的な図・表を入れる	言葉で説明しようとしない。ただし、「わかりにくい図」は逆効果
デモンストレーション	
その場で実演・実験する	実際にその場で目にしたことは大変強い説得力になる
その場でアンケートを取る、参加型の実験を行う	自分たちが被験者として経験していることだから、納得感が高まる
グループディスカッション	
他の参加者と議論	隣の席の人と1〜3分程度、議論する。他の人の思考の下では、物事がどう見えているかがわかり、客観性が担保される。参加者間の交流が生まれるという意味でも有意義
自ら体験する	
ワークショップ	単なる知識から使える技能に昇華してもらえる
聞き手自身が、他の人に教える	
聞き手に問いを発し、答えを出してもらう	営業や会議など1対1や少人数での場では、相手に問いかけを発し、自分の頭で考えて納得してもらうこともできる

パトスを自然に表現する 「オーセンティック」なあり方

　続いて、説得の第2要素であるパトス、すなわち、感情の解説に進んでいきましょう。

　プレゼンにどう感情を込めるか。皆さんは、プレゼンの中に上手に喜怒哀楽の感情を入れて話すことができるでしょうか？　私は研修などで、パトスが込められるかどうか、以下のセリフをしゃべってみてください、という遊びのワークを行っています。皆さんもよろしければチャレンジしてください。

図表 2-11　**皆さんは上手に喜怒哀楽を演じられるだろうか？**

「おい、チョ、待てよ」

「やられたらやり返す。倍返しだ」

　いかがでしたか？　感情を込めて演じるのは、とても難しいですよね。俳優や芸人のような仕事をしていない限り、一般の方にはプレゼンのような場で喜怒哀楽を自然に表現することは難しいです。下手にやろうとしても、わざとらしくなってしまいます。なぜならば、私たち一般人も日常の中で喜んだり怒ったりはしますが、その感情を誇張して表現

したりはしないからです。練習していないことをやろうとしても、上手くいくはずがありません。

私たちは日常の中で、素直に、感じるままに喜怒哀楽を表現しています。だとすれば、**プレゼンに感情を乗せたいと思うなら、あなたが自分らしく感じた素直な思いが、自然と発露するような内容や構成にする**ことがカギとなります。

では、どうすればよいのか。その方法も、科学的に明確になっています。それは、自分らしく振る舞うことです。嘘のない自分として、自然な感情の発露が起こるようにすることで、相手にもごく自然に、あなたの喜怒哀楽が伝わるのです。

より正確に言えば、「自分らしくある」とは、「自己の信念や正義に立脚すること」です。人が自分の信念に沿って、心を込めた言動を行うとき、そこに自らの正義感に沿うようにして喜怒哀楽があらわれる。あなたが信念に基づくことで生まれてくる自然な感情発露にこそ、他人は心を動かされるのです。

この自らの正義・信念に沿って自然な状態であることは、「オーセンティック」（authentic：真正な）であると定義されます。そして、オーセンティックであることは、何よりも強い、他者に働きかける力、すなわち、リーダーシップとなることもわかっているのです（オーセンティックリーダーシップ）。[6] 人は、あなたの真心にこそ、動かされます。

オーセンティックである——人が自己の正義に立脚した状態として他者の前に立ち現れるためのポイントとしては、以下の5点が大切とされます（図表2-12）。

- 理想、目的……すべてに先んじる。伝えたい、知ってもらいたいメッセージを明確に持つ。
- 価値観……なぜその目的の達

※6 Letrud (2012).

図表 2-12　オーセンティックであるための5要素

成が望まれるのか、自らの信念を言葉にする。

- 人間関係……相手を受け入れる。敬意を持つ。傷つけない。
- 自己統制……大義は出すが、私欲を出さない。
- 真心……本心を隠さず、裏表がないことが、誰から見ても明らかなようにする。

　人を動かすためには、オーセンティックであることが大切です。このことは、実はオーセンティックという言葉が登場し、世の中に広まる以前から、多くの偉人が指摘してきました。たとえば、パナソニック創業者・松下幸之助さんは、「素直」という言葉を使って、それを説明します。

　「素直な心とは、寛容にして私心なき心、広く人の教えを受ける心、分を楽しむ心であります。また、静にして動、動にして静の働きのある心、真理に通ずる心であります」[※7]

　人の話をちゃんと聞き、そしてまた、自分の考え・思いもきちんと伝える。そこに私欲を挟まない。そうして、その人らしく進んでいきたい道が自然に表現でき、それと同時に、他人とお互いを受け入れ合う素地がつくられることで、自分は他者に良い形で影響力を及ぼすことができるようになるのです。

　京セラ、KDDI、JAL と３つもの会社経営を成功させた稲盛和夫さんは、主著『生き方』において、次のように語ります。

　「私の成功に理由を求めるとすれば、（中略）私には才能は不足していたかもしれないが、人間として正しいことを追求するという、単純な、しかし力強い指針があったということです」[8]

　稲盛さんは決して財務やマーケティング、戦略、管理といった側面で腕を振るうことはありませんでした。稲盛さんは、やろうと思えばできたでしょう。しかし、彼はそれを専門家たちに任せ、自分はその専門家たちに対して、明確に進むべき道を示し、また、そちらに進むことが正しいことなのだということを、ブレずに信念を持って語り続けたのです。その姿勢にこそ、仲間たちは心を動かされ、企業は成功に向かって進んでいくことができたのです。

　結局、人を動かすリーダーシップの本質は、手先口先の技ではありません。付け焼き刃の演技ではなく、その人が信念を持って語るからこそ、言葉に心が宿るのです。そして、そうした言葉こそが、人を動かすのです。

※7　松下（2004）。
※8　稲盛（2004）。

エトスの示し方
嫌味にならないツカミを身につける

　最後に、エトスの話をしましょう。再確認すると、エトスとは「人格が信頼できること」、つまり、発言者の過去の言動や実績が、発言内容に説得力を持たせるということです。

　ここで重要なことは、エトスは単に「性格が良く、人柄が優れている」というだけではない、ということです。その人が過去にどれだけのことを実現してきたのか、という実績もまた、エトスを支える非常に強い要素になってくるのです。

　ですから、エトスについて、この場で語れることは、それほど多くはありません。プレゼンのその場に立つまでの、あなたの過去の取組みがエトスを構築するわけですから、プレゼンの場であなたができることは、せいぜい効果的な自己紹介をするくらいです。

　とはいえ、この**「実績や人柄を説明する部分」である自己紹介の出来・不出来が、プレゼンの成否を分けることがある**のもまた事実です。

　その理由は、「初頭効果」（primacy effect）という心理学の理論で説明されます。これは、人の記憶に最も強く残るのは、いちばん最初の情報であるという効果です。長い話を聞いたとき、内容を思い出せるかの割合は、Ｕ字型の関係となることが知られています（図表2-13）。最後のほうに聞いた情報を思い出しやすいのは当たり前で、直前に聞いたばかりだからです。こちらは、「新近効果」（recency effect）と言われます。

　興味深いのは、その「ちょっと前に聞いたばかりのこと」よりも、いちばん最初に聞いたことのほうが、思い出せるということです。それほ

どに、最初に聞いたことが人の印象には残るのです。

図表 2-13 **最初の印象だけが圧倒的に残る**

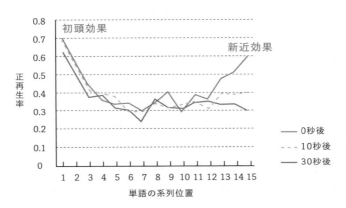

出所：Ganzer and Cunitz(1966).

　いちばん最初に聞いたことが、最も印象に残っている。このことは、古くは1940年代にはすでに経験則として知られていましたが、1960年代に行われた、心理学者のマレー・グランツァーとガエタノ・カニッツによる「単語を思い出せるかどうか」の実験で証明されました。[9] 15の単語を覚えてもらい、それを思い出せるかどうかの実験をしたところ、1つ目と2つ目はよく覚えているものの、3つ目以降の記憶はかなり曖昧になっていました。

　興味深いのは、時間が経つと新近効果は消えてしまうことです。15個の単語を記憶することができたか、0秒後の即座に書かせた場合には新近効果が確認できましたが、10秒後、30秒後となると他の単語と同じくらいにしか記憶されていませんでした。つまり、人の記憶に圧倒的に残るのは、最初の情報だけだということが証明されたのです。

※9　Glanzer and Cunitz（1966).

この「最初の印象だけが圧倒的に残る」初頭効果は、実験のやり方を
いろいろと変えても検証されている、きわめて再現性の高い現象である
ことが知られています。したがって、プレゼンのいちばん最初、あなた
の自己紹介が、とても大切であることを理解してもらえたのではないか
と思います。

　有名な会社の社長か、有名大学の教授、オリンピックメダリスト、あ
るいは著名なタレントでもない限り、あなたはまず、自己紹介からプレ
ゼンを始めます。この自己紹介が滑ると、その後の話も、まともに受け
取ってもらえなくなるおそれがあります。あなたのエトス——人として
信頼できるかどうかが、この冒頭30〜60秒の自己紹介で査定されてし
まうのだとすると、ここは絶対に失敗したくないセクションなのです。

　ここの成果を安定させるための最善の方法は、お決まりのパターンを
1個、可能ならば2〜3個つくっておくことです。お笑い芸人さんでい
うところの「ツカミ」ですね。わずか30秒の時間であなたの魅力や立
場が伝わるようなツカミを持っておくと、本当にどんな場でも便利で
す。就活のグループディスカッションの場、結婚披露宴で隣になった方
への自己紹介、営業のシーンなど、どんな場面でも武器になるので、こ
れを磨いておく価値は高いです。

図表2-14　お笑い芸人やアイドルは「ツカミ」を大切にする

自己紹介セクションは常に変わらない。なので、練習の積み重ねが
きくセクション。冒頭のツカミをつくっておけば、どこでも安心

　もちろん、お笑い芸人さんのように笑いを取りにいくのではなく、あなたがこれから行うプレゼンに対して信頼してもらうことをねらいとしたツカミであることは、念のため強調しておきます。

　あとは練習あるのみですが、ツカミについて１つだけ言えることとしては、**実績を誇張したり、ひけらかしたりしないこと**です。

　あなたのことをよく知らない聞き手は、最初は、あなたのことを疑ってかかっています。プレゼンのいちばん最初が最もよく記憶されている、ということは、言い換えると、**プレゼンのいちばん最初は、聞き手は持てる限りの集中力であなたを見ている**、ということです。

　ここで、実績を誇張したりしても、基本的に見抜かれると思っておいたほうがよいでしょう。ちょっとした仕草、言葉の端々に現れる曖昧さ、わずかに泳ぐ目線、少し上ずるしゃべりのトーン……。聞き手はそれらの情報を緻密に観察し、「あっ、実績を盛っているな」「肩書きほどには、たいした仕事はしていないな」「実態のない経歴だな」と、直感的に理解してしまいます。

　聴衆の審美眼を侮ってはいけません。その人の実績や実力など、盛っていればすぐにバレますし、逆に、殊更に肩書きや経歴を強調しなくとも、数分も聞いていれば、この人はすごい人だと皆さんが理解します。

　であれば、肩書きや経歴を語るのではなく、ごくごく等身大のあなたらしい言葉やエピソードを語るほうが、あなたという人物へのエトス構築には有効です。「地に足がついている人だな」と評価されることが、信頼構築への第一歩なのです。

実績のない人に、語れる言葉はないのか

　最後に、エトス——人格への信頼というものが、これまでのあなたの取組みに依存する部分が多いのだとすれば、まだ何も成し遂げていない人には、何も語れることはないのでしょうか。

　これは、半分は Yes です。実績が生み出す信頼を代替できるものは、何もありません。どうしても、言葉の信憑性は下がってしまいます。

　しかし、説得には３つの要素がかかわっているということを、皆さんには改めて思い出してほしいと思います。エトスが不十分であれば、ロゴスとパトス。つまり、徹底的なエビデンス、堅牢な論理、工夫された説明、それを下支えする情熱。まだ実績のないキャリアの歩み出しの頃は、とにかくロゴスとパトスを尽くすことです。そうして熱意を持って話をし、取り組み続けていくことで、あなたのキャリアは前進していき、そして、それがエトスになるのです。

　また、日々語り続けている言葉が、人格をつくる側面もあります。プライミング効果と呼ばれる心理効果です。[※10] 人々の行動は、その人が日常で何を考えているか、どういう情報をインプットしているかに強く引っ張られる、という効果です。

　この効果を検証した社会心理学者であるジョン・バルグたちの実験では、学生たちにいろいろな言葉を使って文章を作成するワークをさせた後で、教室間移動の速度を計測しました。すると、高齢者を想起させる言葉を使っていたグループは、他のグループよりも移動速度が遅くなっていました。条件を変えて２回の検証が行われましたが、いずれも同じ

結果が得られており、私たちは気がつかないうちに、かなり強く、自分の発している言葉、考えている言葉に影響を受けていることが証明されたのです。

図表 2-15 日々の言葉が行動に影響を与える

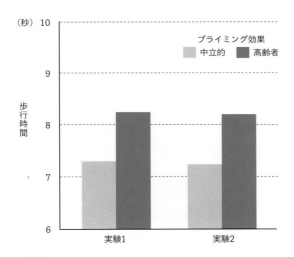

出所：Bargh et al.(1996).

ここまでで私が言いたいことが、伝わったでしょうか。

思いがあるなら、言葉にしていく。そして、その自らの言葉で、自己を導いていく。プレゼンの場での大言壮語、大いに歓迎です。あなたが、その言葉に見合う人なのかどうかは、もしあなたのエトスがまだ十分ではなかったとしても、あなたがその場で見せたロゴスとパトスで、きちんと伝わります。未来を拓く言葉をこそ紡ぎ、そして、その言葉に恥じないよう、自らの行動を磨いていきましょう。

※10　Bargh et al.（1996）.

COLUMN　プレゼン技術に迷ったら、ヒカキンを見よ！

　プレゼンの参考にすべき人を1人挙げよ……と聞かれたら、私は迷わずヒカキンさんを挙げます。見るたびに発見がある、技術のかたまりです。下手にビジネスパーソンのプレゼン動画を見るよりも、完成度が高いです。面白いということに関して、圧倒的な審査能力を持つ子どもたちをずっとひきつけ続けているのですから、その話の腕前は一級品です。騙されたと思って、一度見てみてください。

　ヒカキンさんのすごさをここで挙げてみましょう。

- 難しいことを、とにかくやさしく説明する
- 表情や声のトーンなどのノンバーバルな要素の大切さを理解し、上手に使う
- 汚い表現を一切使わない
- 他人を傷つける言葉を言わない
- 無駄打ちしない。短い時間で伝えきる
- 飽きさせない。変化をつける
- 嫌な気分にさせず、スマートに「チャンネル登録」や、おすすめ商品を促せる
- 1本の動画の中だけでもその人柄が伝わる。信頼できることが1本でわかる
- 安心できる空気を醸し出せる

　気をつけて見てみれば、ヒカキンさんの動画は細かいところまで配慮が行き届いたプレゼンになっていることがわかると思います。プレゼンの知恵が欲しくなったら、ヒカキンさんを見てみましょう。さまざまな発見があるはずです！

第2部 ストーリーをつくる

第3章

伝わる「構成」の
つくり方

　本章からは、プレゼンの中身のつくり方に進んでいきます。まずは中身の「構成」から。実際のところ、同じ内容を伝えるにしても、構成次第で伝わりやすさは、丸っきり変わってきてしまいます。伝わりやすい構成とは、ズバリ、聞き手目線でデザインされていることです。

　人の脳の特質を知り、相手の脳が次に必要としている情報を、受け止めきれるボリュームで提供してあげるのが、伝わる構成のポイントです。しゃべりたい気持ちが先走りそうになっても、ぐっとこらえて、順を追い、要点を絞る！　良い構成を知れば、あなたの話はこれまでよりも、ずっとよく伝わるようになるはずです。

聞き手目線でデザインする

　本章では、伝わる「構成」づくりに進んでいきます。どういう内容を含んだ、どんな構成で話をするべきか。その基本を学べば、皆さんが何か伝えたいことがあるときの、大きな力になるはずです。必ずや成功させる、と心に期した重要なプレゼンはもとより、日々のちょっとした説明・説得でも、効果的に伝えるための技術を知っていることが役に立つシーンは少なくないはずです。

　本章の結論はシンプルです。伝えるためのプレゼンを設計するにあたって、何より大切なことは、**プレゼンは必ず「聞き手目線」でつくられなければならない**、ということです。

　プレゼンは、聞き手目線でつくられるべき。当たり前のことなのですが、世の中の大半のプレゼンは、恐ろしいほどこの基本ができていません。世の中に数多ある「プレゼン本」ですらも、不思議と「プレゼンは、聞き手目線であるべし」という話をあまりしません。世のプレゼン本はもっぱら「プレゼンターはかくあるべし」を論ずるのです。

　話し手がご満悦に話せるようになることが、プレゼンの技術を習得する目的ではありません。聞き手が納得できるように話せるようになることが、プレゼンの技術を学ぶ目的です。であれば、私たちはまず、プレゼンを受けている「聞き手」に何が起こっているかを知ることから、学びをスタートさせるべきであると言えるでしょう。

　「情報理論の父」とされ、20世紀の科学の基礎を形づくった1人ともされるクロード・シャノンは、コンピュータの原型をデザインする研究

をする中で、人と人とのコミュニケーションに限らず、一般に情報がある地点から別の地点に移動するという現象を定式化しています。

　図表3-1の上に位置するチャート図のモデルがシャノンによる情報移転の定式化です。[※1] 情報がその源から、届けるべき先に至るまでには、発信機と受信機という2つの物質を経由します。その2つの物質の間には、ノイズが挟まれるチャネルが存在しており、このため、情報は正しくは伝わらないとしたのです。

図表 **3-1　情報伝達のモデル**

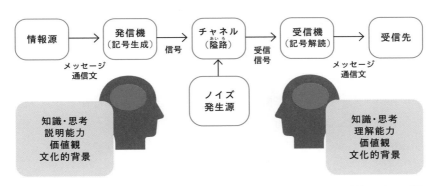

出所：上図は、Shannon and Weaver（1949）。下図は、筆者による対人コミュニケーション文脈でのイメージ図。

　そして、図表3-1の下は、シャノンたちの研究を人に当てはめた、対人コミュニケーションの文脈に沿ったモデルを図案化したものです。すなわち、対人コミュニケーションにおいては、発信機と受信機はどちらも人になります。そして、人はそれぞれ、価値観や知識、考え方、文化的背景、説明能力・理解能力を有しています。こうした個人の状態の差を起点に、言語という制約の強いチャネルを使うため、情報は正しく伝わらないのだとされるのです。[※2]

※1　Shannon and Weaver（1949）.
※2　Berlo（1960）.

このコミュニケーションモデルが意味するのは、情報が正しく受信者に届くためには、発信者の自己満足なプレゼンではダメだ、ということです。

　発信者と受信者は、生まれ育ってきた環境、生きている世界が異なります。考え方が違い、持っている知識が違い、そして、自分の説明能力も相手の理解能力も十分ではないのだから、「相手に理解してもらう」ためには、そのズレをこそ理解する必要がある。そして最大限、文化差や知識差に依存するノイズや、説明能力・理解能力に依存するノイズが挟まれないように説明することが、プレゼンターには求められるのです。伝えるべき情報そのものを丁寧に取捨選択し、それを、文化・文脈に依存しない構成で説明することで、情報はようやく相手に伝わります。

　「大工と話すときは大工の言葉を使え」。プラトン[3] に、そしてドラッカー[4] に引用されたこのソクラテスの教えは、プレゼン（コミュニケーション）の本質を突いた言葉として、ここでも皆さんに共有します。あなたがご満悦に話すことがプレゼンではない。聞き手がわかる言葉、わかる構成、わかる内容で話すことがプレゼンのあるべき姿なのです。

※3　プラトン（1998）。
※4　ドラッカー（2001）。

02 明快なストーリーで 1つのメッセージを伝える

聞き手の立場になって考えるなら、第1に言えることは、明快なストーリーの下に、明瞭な1つのメッセージが届くようにプレゼンの内容はつくられるべきだということです。

少し長くなりますが、以後の話で何度も使う基本事項となるので、人の記憶がどういう構造になっているのかを、ここで解説しておきます。

図表 **3-2 記憶の種類**

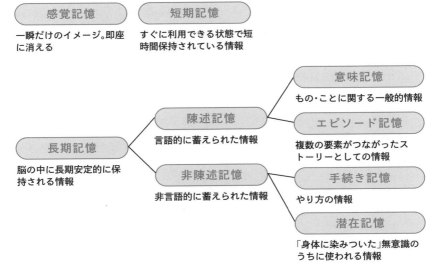

感覚記憶
一瞬だけのイメージ。即座に消える

短期記憶
すぐに利用できる状態で短時間保持されている情報

長期記憶
脳の中に長期安定的に保持される情報

陳述記憶
言語的に蓄えられた情報

非陳述記憶
非言語的に蓄えられた情報

意味記憶
もの・ことに関する一般的情報

エピソード記憶
複数の要素がつながったストーリーとしての情報

手続き記憶
やり方の情報

潜在記憶
「身体に染みついた」無意識のうちに使われる情報

出所：池谷（2001）をもとに作成。

感覚記憶は、ある瞬間に脳が受け取ったすべての情報のことを指します。あなたの五感に、今まさに入ってきているのが感覚記憶です。感覚記憶の大半は、その場で忘れられてしまいます。

　短期記憶は、あなたが今扱っている事項を考えるために取り揃えられた記憶です。短期記憶は、感覚記憶と長期記憶の中から選び出されて、脳内に展開されています。何か問題を解決するために、机の上に並べられた道具の数々なのです。

　人の意識の中に長く残る記憶が、長期記憶です。**長期記憶には、意味記憶、エピソード記憶、手続き記憶、潜在記憶の４種類が存在しています**。意味記憶とは、うさぎとは何か、リンゴとは何か、包丁とは何か、家族は誰かといった、あなたを取り巻く世界に関する基礎的な情報です。

　ここでエピソード記憶を飛ばして、先に手続き記憶と潜在記憶の話をしましょう。手続き記憶とは、やり方に関する情報を指します。リンゴの剥き方や、包丁の扱い方、などです。潜在記憶とは、長年の経験の中で「身体が覚えた」記憶です。頭の中で手順を思い出すまでもなく、思考を組み立てるという意識も働く前に潜在記憶は作動します。リンゴはどうやって包丁で剥くんだっけな、と考えているうちは、手続き記憶です。一方で、リンゴの皮剥きを長年やっているうちに、考えなくても実行できるようになれば、それは潜在記憶です。

　最後が、エピソード記憶です。エピソード記憶は、出来事に関する記憶です。たとえば、私が５歳のとき、高熱を出して寝込んだ。そのとき、母が包丁を器用に使って、リンゴをうさぎ型に剥いてくれた。そのリンゴの味が、忘れられない——というように、物事が複合的に合わさってストーリーをなしている記憶です。

図表 3-3　人の脳はストーリーで物事を理解する

子どもの頃、高熱を出したとき、
母がつくってくれたうさぎリンゴ……

このようなストーリーで語られたとき、
それが自分の体験談でなくとも、
強いエピソード記憶としてあなたの脳に
このストーリーは残る

　これらの記憶のうちで、最も強く記憶に残りやすいものとされている
ものが、最後に紹介したエピソード記憶です。私たちは、個別ばらばら
の記号（意味記憶）のままでは、情報を上手に理解・処理することはで
きず、ひとまとまりのストーリーがあるものとして、さまざまな物事を
関連づけて理解し、記憶しています。[5]

　エピソード記憶の中には、そのときに感じた喜怒哀楽も含まれます。
すなわち、エピソード記憶は、呼び起こされるたびに当時の感情が再現
され、ドーパミンなどの脳内物質が分泌されることから、脳はあなたに
とって印象的だった体験を「思い出」として強く記憶にとどめるのです。

　このようにして、あなたの話を強い印象を持った「思い出」として記
憶してもらうためには、なるべくわかりやすいストーリーにすることが
有効となるのです。

　実際、私が創作した「うさぎリンゴ」は、わずか3行のストーリーで
すが、それでもこのストーリーは皆さんの脳内に不思議と強く残ってい
るのではないでしょうか。あなた
自身が体験したことであるかない

※5　Heider and Simmel（1944）.

かにかかわらず、まるで自分の幼少期の思い出のように、あなたの脳内にはエピソード記憶として、感情の動きを伴うものとして、記憶されたはずです。

　映画でも、漫画でも、小説でも、漫才でも、論説でも、優れた作品は必ずそこに一貫した、読者・聞き手が追いやすいストーリーがあります。ですから、必ずプレゼンにも明確な、追いやすいストーリーと、そこから導かれる明瞭なメインメッセージが用意されるべきです。この1点に気をつけるだけでも、プレゼンは格段に伝わりやすくなります。

<u>COLUMN</u>　情緒を使うべき場面、使うべきでない場面

　エピソード記憶は、情緒の動きを伴うから、忘れにくい。この観点から、プレゼンのストーリー内、とりわけその中心部分に喜怒哀楽の何らかの感情を喚起させる内容があると、聞き手の印象にはいっそう強く残ることになります。

　データに基づいたビジネスの議論や、学問の場などでは、そうした情緒的なアプローチを控えたほうがよい場合もありますので（数値が示す事実や科学が感情で曲げられてはいけませんからね）、あまり強くは推奨するものではありませんが、ある種の感情を伴うから相手は話を記憶してくれるのだ、という知識は引き出しに入れておくようにしましょう。

　泣き落としのような情緒的なアプローチにばかり頼ってはいけませんが、最後の一押しをするような場面では、役に立つこともあるかもしれません。

03 複数のトピックを扱いたいときは、どうすればよいか

　複数のストーリー、複数のメッセージを1つのプレゼンの中に入れ込むことは、基本的には推奨できません。ストーリーやメッセージが複数に分かれていると、聞き手は上手にエピソード記憶を構築できなくなり、話し手がいちばん何を伝えたかったのかを理解することもできなくなるからです。

　しかし、話の性質上、どうしても複数のトピックを扱わなければならないときもあるでしょう。「病気の治療のために、やってもらいたいこと」「職場の安全管理のために必ずやること」「営業成績改善のための会議」「プロ野球　今夜の試合の見どころ」……。

　複数の内容を一度のプレゼンに入れ込まなければならないときには、どうすればよいでしょうか。その見事な解決策を1つ、ここで紹介します。

　2020年、新型コロナウイルス感染症によるパンデミックが発生する中で、日本の首相官邸から感染症対策の標語が発信されました。

　「感染症対策のカギは、3つの密、『3密』を避けること」

　対策会議が重ねられる中で、感染症対策の標語がつくられれば国民に周知・注意喚起しやすくなる——ということで、標語をつくろうとしていた中から登場したのがこの「3密」という言葉です。専門家会議を横

で聞いていた、名もなき官邸スタッフの発案だそうです。[※6]

　この「感染症対策には３つの密を避ける」という標語は、プレゼン（人に伝える）という観点から見て、実に上手なまとめ方だと思います。図表３−４のようにしてみれば、皆さんもその理由がなんとなくわかるのではないでしょうか。

図表 **３−４** 「**3密**」**の構造**

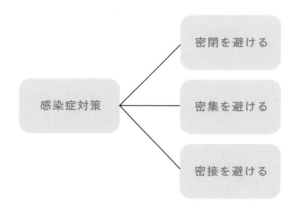

　これはいわゆる「ピラミッド構造」と呼ばれるものです。[※7] 主張をわかりやすく整理して説明するための、基本構造とされています。メインメッセージは大きく１つだけとし、その下に、せいぜい３個程度にまとめられたサブメッセージが並べられます。

　経営コンサルタントのプレゼン技法として、長年、このピラミッド構造をつくることがクライアントに説明をする際に有効とされてきましたが、本章で紹介した「記憶のメカニズム」からしても、これが有効であることがご理解いただけるはずです。

　人は３本のストーリー、３つのメッセージとしては話を理解しにくい。しかし、１本のストーリー、１つのメッセージという形を取ったう

えで、3つのサブストーリーが展開されるという話の構成とするなら、とても理解しやすくなる。人の脳の不思議なのですが、この小さな工夫があるかないかで、プレゼンの理解度は大きく違ってくるのです。

　皆さんには実際に、この違いを経験的に理解してもらおうと思います。今からプレゼンをしている例を挙げてみますので、皆さんも頭の中で、誰かがプレゼンしている様子を想像してみてください。

　「本日は新型コロナウイルス感染症対策についてお伝えします。皆さんに伝えたいお話は、第1には、コロナに感染したくなければ人が密集するところを避けるべきだということです。

（5分ほど説明）

　さて、ここからは、本日2つ目のお話となります。感染症対策としては、人と密接すべきでないということも、重要だという話です。

（5分説明）

　さて、本日、実はもう1つだけ、お話があります。それは、感染症対策には密閉空間も良くないということです。

（5分説明）

　本日のお話は、以上3点となります。皆さま、感染症対策をどうぞよろしくお願いします」

※6　「『3密』考案は官邸スタッフ　三つ目の密を途中で追加」朝日新聞デジタル、2020年10月9日（https://www.asahi.com/articles/ASNB87KG9NB8ULBJ018.html）。
※7　照屋・岡田（2001）。

どうお感じになったでしょうか。次は、こちらのバージョンを頭の中でイメージしてみてください。

「本日は新型コロナウイルス感染症対策についてお伝えします。感染症対策のキーワードは『３つの密』です。密閉、密集、密接。この３つの密を避けることで、皆さんの感染リスクは大幅に低減します。それでは、今から順番に、１つずつ説明していきます」

いかがでしょうか。全体の構成をスッキリ最初に示し、ストーリーを追いやすくし、また「３つの密を避ける」という１つのメッセージに集約させたことで、非常にわかりやすくなったことを実感していただけたはずです。ぜひ皆さんには、この「１つのストーリー、１つのメッセージにまとめる」技法を知っておいてもらいたいと思います。

なお、３つのストーリー、３つのメッセージを話す、という構成にすることには、もう１つ弊害があることも指摘しておきましょう。それは、複数のストーリーとして話を展開されると、「どれがメインの話なのかな」と、聞き手は無意識のうちに話の重要度に軽重をつけてしまうことです。場合によっては、１つ目の話をしっかり聞いて納得した後は、２つ目以降の話は単なる余談だと受け取られてしまうリスクもあります。

いずれも等しく重要な話であるということを理解してもらうためにも、複数のトピックを１つのストーリーの中にまとめる形式が有効となります。

04 サブメッセージは せいぜい3つまで

メインメッセージは1つであるとして、サブメッセージはいくつまで分解すべきなのか？　皆さんも、なんとなく直感でおわかりになると思いますが、6つ7つともなると、もうお腹いっぱいですよね。サブメッセージも、なるべく少ないほうがよい。2つか3つ、せいぜい4つくらいまでがよいでしょう。

これにも明確な科学的理由があります。その理由とは、**人が瞬間的に記憶できる事項の数、すなわち「短期記憶の限界数」が、4±1だからです。**

これまで、人が短期間に記憶できる物事の個数は、7±2と言われてきました。これは、1956年に認知心理学者のジョージ・ミラーが発表した「マジカルナンバー7」という研究成果に基づくものです。[8] 長らくこの7±2という数字が定説とされてきましたが、近年、より厳密な検証が進められるようになると、どうやらもっと少ないらしいということがわかってきたのです。

そして、現時点で最有力の説が、心理学者のネルソン・コーワンが提唱した「4±1」です。[9] なお、この±1というのは、1人1人の脳の特徴や、覚えるべき内容の難しさ、その内容に対する本人の興味など、さまざまな要素が影響して、その時々で変わってくることを意味しています。

実際に確認してみましょう。

※8　Miller（1956）.
※9　Cowan（2001）.

> 「３つでセットになっているもの」を、なるべくたくさん、自由に
> 出してみましょう。

　犬、猿、キジ。赤信号、黄信号、青信号。酸性、中性、アルカリ性。
織田、豊臣、徳川。衣食住、見ざる聞かざる言わざる。グーチョキパー
……。わりと容易に出てくるのではないでしょうか。また、これら３つ
のものを説明してみろ、と言われても、それほど困難なく語れるのでは
ないかと思います。

　では、次はどうでしょうか。

> 「５つでセットになっているもの」を、なるべくたくさん、自由に
> 出してみましょう。

　今度は、先ほどよりはたくさん挙げることができないことに、気がつ
くのではないでしょうか。オリンピックの五輪、５大陸、５人戦隊ヒー
ロー、五奉行、米国・カナダの五大湖。しかも、５大陸を全部とか、五
奉行を全部などと言われても、すぐには全部思い出せないはずです。説
明しろと言われたら、なおさら大変だということにも気がつくはずです。

　さて最後。今度はできるでしょうか？

> 「７つでセットになっているもの」を、なるべくたくさん、自由に
> 出してみましょう。

　まあ、７色の虹や、月火水木金土日、はすぐ出るとして、それ以外は
どうでしょうか？　７つの海、７人の侍、７つの大罪……。こんなとこ
ろでしょうか？　覚えるのも、説明するのも、かなり難儀です。

　このようにして、人の記憶にとどまる、効果的なプレゼンテーションを行いたいと思うならば、要素をたくさん出すのではなく、なるべく少ない要素に絞り込んであげることが、大切となってくるのです。

　基本、サブメッセージは3つまでとすることを、私は推奨します。「短期記憶の限界が4±1」であるということは、個人にとっての興味関心や、脳の特徴によって、その場に集まった人々の記憶可能容量は、「3〜5」の間にばらついているということです。だとすれば、すべての人にちゃんと届けようとするならば、4±1の下限である「3」のほうにこそ、基準を揃えるべきだと考えるためです。

図表 3−5 短期記憶の容量

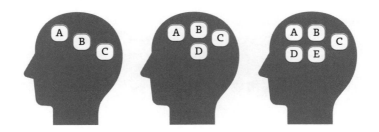

短期記憶に収められる容量は人・場合によって
3〜5→3に揃えることで誰もが記憶できる

各項目の中身は
「結論」と「理由」だけ

　続いて、プレゼンを構成する1つ1つの項目をどう設計すればよいか
へと、話を進めていきましょう。

　サブテーマをつくらない場合の、1つのメインテーマについて。サブ
テーマを2〜3個つくる場合の、それぞれのサブテーマについて。その
中身には、どのようなものを含むべきなのでしょうか。

　ここで皆さんには、衝撃の事実をお伝えします。**プレゼンを構成する
個別項目の中身は、いろいろとあるようでいて、実は「結論」と「理由」
の2つしかありません**。本当に、この2つだけなのです。

図表 3-6　**プレゼンを構成する中身**

いかなるプレゼンも、「あるテーマに対し、理由とともに結論を述べる」の形式から外れることはありません。この2要素のうちのどちらかが欠けているとすれば、あえてそれを隠している特別な事情がある場合のみです。

とにかくまずは、この構造を意識しましょう。テーマを明確にし、それについての自分の結論を述べ、その結論を支えるような根拠・理由を提示する。

メインテーマに対して2つか3つのサブテーマがぶら下がっている場合には、それぞれのサブテーマについて「結論・理由」が提供される形となります（図表3-7）。1つ1つのサブテーマについて、毎回、きちんと結論を述べ、その理由を説明する。それを積み上げて、全体としてのメインテーマの結論を導くのです。

図表 3-7　プレゼンを構成する中身（サブテーマがある場合）

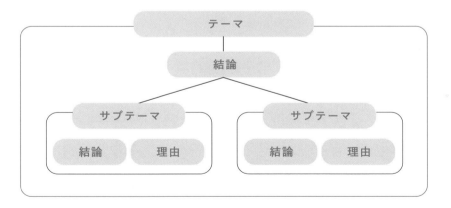

この形式をとらない例外とは、結論を聞き手側に委ねる場合です。たとえば、報告者が事業状況を上司に報告する役割であり、それを受けて上司が結論を出すようなとき。あなたがニュースキャスターで、スポー

ツの試合の成り行きと結果だけを伝え、その感想や批評をコメンテーターや聞き手に委ねるとき。あなたが教師で、講義を行ったうえで、ここからどういう答えを導くのかを、学生に考えてもらうとき。

　上記のような場合には、あなたはあえて自分の主張をしない形式になります。ですが、そうした場合でも、「話し手ではなく、聞き手側が結論を出すことで、プレゼンが完成している」こと、すなわち、テーマ・結論・理由の形式を逸脱しているわけではないことには気づいておくべきでしょう。

　では、この結論と理由は、どういう順番で提示すべきか。結論が先、理由が先、その両方がありえます。それぞれ、Why So 型と、So What 型と呼ばれます。

図表 3-8 「Why So型」と「So What型」

Why So？　とは「なぜそうなるのか？」。結論が先に述べられ、それに対して「なぜそうなるのか」の理由が語られる形式です。テーマに対して、まず結論が明確に述べられる。そして、理由が開示されていくのです。

　コンサルの提案、研究者の学会報告、顧客への営業など、多くのプロフェッショナルによるプレゼンが、このWhy So型をとります。結論が見えているほうが、人はその後の話が聞きやすいためです。ビジネスシーンでは、年々こちらのWhy So型が多くなっているように見受けられます。

　もう1つの型は、So What？　すなわち、「で、何が言いたいの？」です。理由が述べられてから、結論が示される形式で、結論、すなわち「オチ」の面白さにピークを持っていく手法です。物語的な形式ですね。一通りストーリーを話して、「で、何が言いたいの？」と聞き手が思ったところで、ユニークな結論を話す。YouTubeやテレビの面白動画やドラマはこういう形式をとります。あなたがエピソードトークなどをする場合には、こちらの形式が刺さりやすいかもしれません。

　また、So What型は、容易には導かれないような結論（直観に反するような結論）や、聞き手に対して重いメッセージとなる場合に（たとえば、事業からの撤退など）、しっかりと十分な理由を説明したうえで、「だから、撤退せざるをえないですね」と、結論を促す際にも有効です。最初に結論を言われてしまうと面食らってしまうようなときには、まず理由からスタートする。

　とはいえ、「物語とプレゼンは別物である」ことは、ここで強調しておきます。後者のSo What型は、よほど結論がユニークか、あるいは非常に重いものでないと、滑る可能性が高いです。結論を引っ張って、もったいぶっておいて、その程度の話かよ、と受け取られてしまうからです。

　ですので、初心者の方は特に意識して、Why So型で話すようにする

とよいでしょう。結論がわかっている話であれば、人はおのずと「どうしてそういう結論になるのか？」という姿勢で話を聞いてくれます。伝えるという目的を考えたとき、最初から結論がわかっていて聞いてくれる聞き手側の姿勢がもたらす効果は計り知れません。

しかし、初心者ほど名人芸のような So What 型に魅せられてしまいがちのようです（ドラマティックなプレゼンにしたいと思って、初心者ほど結論を引っ張る傾向があるようです）。**まずは「結論から話す」を徹底する。それが、いかに話しやすく、また聞き手にとっても聞きやすいかを、実感をもって理解してください。**研究者やコンサルなどの仕事では、Why So 型で報告せよと訓練されることも、付記しておきます。私も駆け出しの研究者の頃には、恩師からこの点を徹底され、それが今でも生きていると感じています。

図表 3-9 **結論から入る話は聞きやすい**

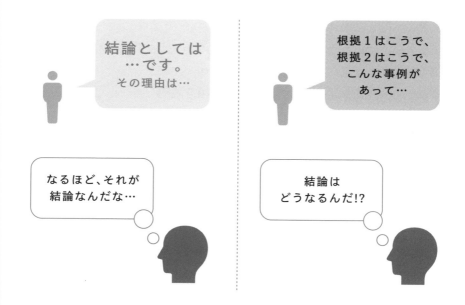

発展形のプレゼン構造①
STAR

　さて、ここからは２つほど、「結論と理由」の基本構造から発展した、特殊形式を紹介しましょう。

　プレゼンのための固有の形式は他にもいくつかありますが、通常の「１〜３のサブテーマの下に、結論と理由を揃える」がきちんと使いこなせることが、多くの形式を知っているよりはるかに有用です。あとはせいぜい、ここで紹介するSTAR形式と、仮説検証形式の２つを知っていれば、どんな場面でもたいてい対応できるはずです。

　まず紹介するのは、コンサルティングや、社内での事業企画、クライアントへの営業活動など、ビジネスの場で相手に何らかの提案を行う場合に用いられる、固有の形式「STAR」です。

　STARとは、Situation（現状）、Target（目的）、Action（行動）、Result（結果）の頭文字です。Targetの代わりにTask（課題）が用いられることもあります。現状はこうである。最終的な目的地点はここである。その差を埋めるにはこういう行動が求められる。その行動からはこういう結果が得られるだろう、という説得手順です。

　もともとSTARというフレームワークは、他人の目標達成を支援するコーチングの技法として登場しました。コーチングを行うときに、相手の現状と、相手のありたい姿とをまず明確にさせ、そのギャップをどういう行動で埋めさせるか、期待される結果はどのようなもので、それをどう測定するか——という順序で話を進めることで、コーチングを行う相手を丁寧に導いてあげることができるのです。[10]

STARはコーチングのような、**相手と共通理解をつくりながら目標達成のための議論をする際に力を発揮します**。「いま、私たちの状況は○○じゃないですか。でも、私たちとしては□□をめざしていかなければならない。だとすれば、今やるべきことは△△ですよね。それが実現できているかどうかは、1カ月後に××が達成しているかで、チェックしてみることにしましょう」。このように、ステップ・バイ・ステップで、現状から順にお互いの共通理解をつくりながら話を進めることができるため、STARはコーチングに限らず、採用面談や現場での問題解決提案などで、幅広く使われてきました。

図表 3-10 **STAR構造**

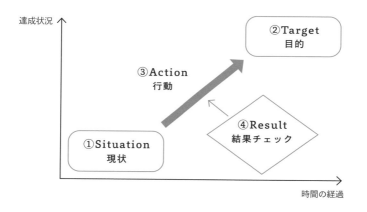

　なお、STARという用語こそ使われていませんが、この考え方・説得順序自体は、経営戦略論や、問題解決法などでも昔から使われています。そこでは、As is/To be 構造と呼ばれていました。As is とは「ありのままの現状」、To be は「あるべき理想」を意味します。経営戦略論や問題解決法の中でも、まず As is と To be を明確にすることが大切だとされます。そして、次に To be に至るためにはどういう行動が求

められるかを論じ、最後にその結果をどう測定するのかを議論します。要するに、STARとまったく同じです。

STAR構造（As is/To be 構造）は、相手にまず正しい現状認識を持ってもらう必要があるときに有効です。話し手と聞き手で一緒にありのままの現状と、めざすべき目的地点はどこなのかを最初に共有し、どこに問題があるのか、共通理解をつくるのです。ここの部分にこそしっかり時間をかけることで、その後に続く提案である「取るべき行動」が、受け入れられるようになるのです。

STAR構造の最後の「結果」とは、行動を実行した後に期待される結果を意味し、かつ、それをどう測定するか、ということが議論されます。たとえば、「マーケティング施策を実施した結果、売上は○○％増加すると期待される」という予測値を設定することで、それを基準に、これから実行する行動の結果が十分かどうか、検証できるようになるのです。フワッとした「きっとこうなるだろう」ではなく、なるべく定量的に測定可能なものとすることで、めざすべき未来に近づけているかどうかが把握できるからです。

※10　Cook（2009）.

発展形のプレゼン構造②
仮説検証形式（論文形式）

　プレゼンの形式で、もう１つの発展形として紹介しておきたいもの
が、仮説検証形式です。これは、研究者が作成する学術論文や学会発表
の形式です。

　数千年に及ぶ科学的探究の中で、科学的な事項を説明する方法は磨き
抜かれてきており、現代ではその形式がほぼ固まっています。卒業論文

図表 3-11　学術論文の形式

> 1. テーマ設定・問題提起
>   この論文で検討するテーマ・問題を述べる。
>
> 2. 先行研究
>   そのテーマ・問題に対するこれまでの既存研究成果を整理する。
>   そこから、既存研究に存在している、残された問題を指摘する。
>
> 3. 仮説構築
>   残された問題に対する、論理的に導かれる解（仮説）を提案する。
>
> 4. 分析方法
>   仮説を検証するための方法を説明する。
>
> 5. 分析結果
>   その方法を用いて実験や検証をしてみた結果を説明する。
>
> 6. ディスカッション
>   分析結果を吟味する。仮説は正しかったか。外れたとすれば、それはなぜか。
>   その他、新規に見つかった興味深い発見など。
>
> 7. 結論
>   分析結果を吟味した末に、結論としてはどう言えるか。

でも修士論文でも、そして、もちろん査読付きの専門誌への掲載をめざすときも、まずはこのフォーマットに素直に従ってみるとよいでしょう。それは、単なるフォーマットを超えて、「学術的思考の基本的様式」を学ぶことにもつながるからです。

領域による差異は結構あるのですが、学会発表などでは、ひとまずこの形式を採用すれば間違いはありません。少なくとも、領域の門外漢ではあるけれども、科学的な探究の方法は知っている人だとは認識してもらえるはずです。

ビジネスなど、また違ったシチュエーションでも、その発想は活かせます。「何か仮説を立てて、その妥当性を吟味する」という形式で発表したいときには、この論文形式をもう少し簡略化したバージョンで利用するとよいでしょう。

「高齢者市場には〇〇のような商品が売れるのではないか」「生産工程の効率化には××が有効なのではないか」「企業業績回復には□□戦略が使えるのではないか」「日本経済の浮揚には△△が決め手である」など、ある問題に対して、自分なりの答えを述べたい場合には、この形式が活きるでしょう。

図表3-12 仮説検証形式

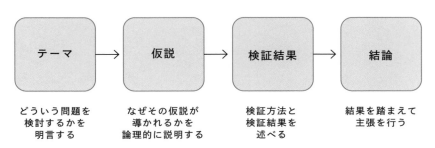

テーマ	仮説	検証結果	結論
どういう問題を検討するかを明言する	なぜその仮説が導かれるかを論理的に説明する	検証方法と検証結果を述べる	結果を踏まえて主張を行う

テーマ、仮説、検証結果、結論。この４ステップで、手際よくテーマについて自分なりの仮説を立て、検証してみた結果を述べるのです。学術論文を発表する場合とは異なり、先行研究の吟味や、結果の吟味といった「よくよく吟味する」という部分を飛ばしているわけですが、ざっと自らの仮説が妥当であることを説明するうえでは、これが必要最低限であり、十分な要素になります。

　この形式を用いる場合のポイントは、検証の方法と結果が妥当なものであるかどうかです。検証がずさんだと、すべてが成り立たなくなります。科学実験のような厳密さまでは求められないにしても、「自分の直感ではそうなっている」とか「私がやってみたときはそうなった」だけでは、相手を説得できません。ユニークな説を出すだけなら、誰でもできます。それを検証することが科学という行為の要なのであり、そして、この仮説検証形式がプレゼンとして上手くいくかどうかのカギとなるのです。

無駄打ちをしない

　以上で、プレゼンの基本設計の話は終わりとなりますが、最後に、プレゼンの構造はシンプルであるほどよく、基本的には横道に逸れないほうがよい、ということをお伝えしておきます。

　ときには、1分程度の横道トークが、聞き手にとってのリフレッシュになったり、話者の魅力を引き出すこともあります（第4章で説明します）。また、実力者が執筆する漫画や小説ならば、どれだけ長くなろうとも、読者はキャラクターの過去エピソードや、「余談であるが〜」から始まるお話も魅力的に読んでくださることでしょう。ですが、真面目な場で、真面目な内容を伝えようとするプレゼンであるならば、原則としては横道に逸れた余談がないほうが、プレゼンの満足度は高まるのです。

　そこにも、科学的な理由があります。**人にとって「楽しい」とは、funny（おもろい）ではなく、もっぱら interesting（興味深い）だからです**。皆さんは、このことをよく心に刻んでおいてください。funny な横道の余談が挟まれるよりも、主題となる事項についての知的欲求、すなわち interesting を満たす内容が一気通貫で語られるほうが、人にとっては有意義に感じられる時間となります。

　「楽しむ」ということに関して無邪気で貪欲な子どもたちですら、まずは知的好奇心を満たそうとすることが知られています。子ども科学博物館の展示を利用して子どもたちに行われた調査では、子どもたちが最も「楽しい」と感じたのは、面白おかしく展示したところではなく、新しい知識を獲得できる展示や深く思考を使う展示でした。[※11] 生物的特性

として、人間の関心はまず interesting に向かうのです。

図表 3−13 「楽しい」とは「interesting（興味深い）」ことである

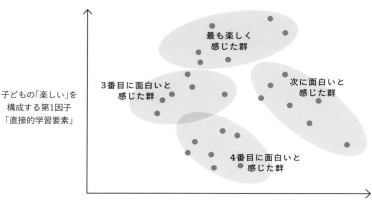

子どもの「楽しい」を
構成する第1因子
「直接的学習要素」

最も楽しく
感じた群

3番目に面白いと
感じた群

次に面白いと
感じた群

4番目に面白いと
感じた群

子どもの「楽しい」を構成する第2因子
「刺激・遊び要素」

子ども科学博物館の展示を見て、子どもたちが何を「面白い」と思ったか。「面白い」を説明する第1因子が高かった展示は、作業や問いの中から自分で科学的関係を発見していくような直接的な学習のあるものだった。「面白い」を説明する第2因子が高かった展示が、遊び要素や刺激の強いものだった。

出所：畑中・大辻（2002）。

　よほど funny な小話の引き出しを持っているプレゼンの達人ならば、右に左に逸れても聞き手を飽きさせないでしょう。そうでないなら、あなたが逸れた横道は、人の interest を焦らしてしまう、ストレスのたまる無駄話です。プレゼンにおいて、これほど苦痛なことはありません。funny な内容に思えたとしても、余計なものは徹底的に削ぎ落としていく。それが、聞き手にとって interesting な、良いプレゼン構造をつくるうえでのポイントなのです。

※11　畑中・大辻（2002）。

COLUMN　ライブは、お客様のノリ次第！

相手の様子を観察して、当初のプランにこだわらない

　現場でのプレゼンは本当に生ものです。始まる前から妙に場が温まっている場合もありますし、どれだけ働きかけてもまったくノッてくださらないこともあります。

　そこには、座席の配置とか、会場の雰囲気も大いに影響します。大きな市民ホールのような場では、やはり聞き手の方々はそこで自由にしゃべるということに慣れていないので（周辺の人としゃべりやすい席の設計でもありませんから）、ワークをやろうにも難しかったりします。逆に、小さな教室に、いくつかのテーブルの島があるような配置だったら、むしろ長い話を聞かされるだけのレクチャーでは、不満が溜まってしまうでしょう。

　ライブの場で、最大限に安定的なパフォーマンスを出そうと思えば、当初のプランにこだわらないことが大切です。30分間こちらがしゃべり続けるだけの予定だったとしても、どうも人々が聞き飽きている様子だなと思ったら、質疑応答やワークにして、プレゼンを最後までやり切らなくてもかまいません。逆に、ワークを皆さんに楽しんでもらおうと思っていたけれども、集まった面々の様子を見るに、ワークが盛り上がらないだろうな……と思ったら、しゃべりをメインの構成にしたってよいのです。

　ある程度、柔軟な設計にしておき、聞き手の皆さんの様子によっては、当初のプランにこだわらずにアプローチを変える。10をしゃべって1伝わるよりも、5をしゃべって4伝わるほうが、プレゼンとしては望ましい。内容を半分にしたとしても、その半分の内容がなるべくちゃんと伝わるほうが、はるかによいのです。

事前に2つのプランを用意しておく

　しかし、その場でアドリブができる……なんていうのは、あまりにも高度な技術。そうそう、誰でもできることではありません。ですから、自由自在の境地に達するまでは、事前に2つのプランを用意しておくことをおすすめします。その場に立ってみないことには、現場の空気がわからないことも、本当によくあります。リスクフリーの観点からは、2つのプレゼン案を用意すべきです！

- しっかり話して聞かせるプラン
  →相手に「聞く姿勢」が整っているとき。
- インタラクティブに、相手に考える余地を与えるプラン
  →相手に「話したい」様子があるとき。落ち着きがない会場などでも、一度自由にしゃべってもらうことで、落ち着きを取り戻せることがあります。

図表3-14　2つのプレゼン案

聞く姿勢が整っているときは、
しっかり話す

話したい様子があるときは、
相手に議論してもらう

第 **4** 章

聞き手の理解度を
高める「表現」

　プレゼンの「中身」編、続いては表現についてです。同じ内容を説明するにも、その表現方法はさまざまです。たとえば、日々のウォーキングの健康効果を伝えたいとします。あなたなら、どう伝えますか？　自分の経験談を語るか、データを示すか、理屈で語るか。1分で話すか、5分で話すか、はたまた20分で説明するか。不都合なデータがあったとして、あなたは隠しますか？　人に勧めるにあたり、「絶対に効果が出る」というような強い言葉を使うか、「たぶん効くと思います」と濁しますか？

　これらのすべてに、ちゃんと正解があるのだとすれば、皆さんは知りたいですよね。というわけで、本章ではこれらの疑問すべてに科学的な「答え」を出していきます。

人の集中力は15分

　いくら磨いても、損はしないのがプレゼンの内容です。本章では、徹底的に内容の表現技法を磨き込んでいきます。軽快な視聴体験を通じて、聞き手の深い納得をつくり出していくために、どのような事項をどう説明していけばよいでしょうか。本章では、「聞き手目線でデザインする」という前章の基本方針を維持したまま、過去の心理学、論理学、修辞学、経営学などの研究成果から、プレゼンの最中に聞き手の中で何が起こっているのかを深掘りしていきます。有用な理論・事項を多種多様に取り扱っていきながら、プレゼン資料の細部まで磨き込んでいく、ファインチューニング（最適化調整）を行っていきましょう。

　さて、「聞き手の目線でプレゼンをつくる」という観点から、皆さんがまず知るべきことは、人はいったいどのくらいの時間、話を集中して聞いていられるのか、です。

　もちろん個人差はありますが、生理学での研究成果に基づけば、それはおよそ15分程度だと言われています。脳科学者で東京大学教授の池谷裕二さんとベネッセコーポレーションが共同で行った調査によれば、中学生の授業での集中力は最初の15分で低下し、その後はある程度維持されるものの、再び45分を過ぎた頃からまた低下することがわかりました。[※1] なお、この実験では、15分ごとに休憩を挟み、授業を3つのパートに分けることで、集中力が回復し、成績も上昇したことが報告されています。この点については、また後述します。

　皆さんも実感として、YouTubeやテレビ番組を見ていて、15分以上

のコンテンツとなると、途中でダレてくるはずです。YouTubeでは、15分という動画の所要時間を見た時点で、これはしんどいなとパスする方もいらっしゃるでしょう。人の集中力は、15分まで。だから、**プレゼンは15分以内に収める**。これが軽快な視聴体験の基本です。

図表 4-1 人の集中力は15分しか持たない

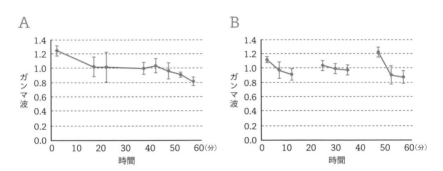

実験概要：中学1年生を対象に行った脳波計による勉強中の集中力調査。集中力を司る前頭葉のガンマ波を測定。
A. 60分間継続での授業：ガンマ波が最初の15分間で低減後、45分過ぎに再び減少
B. 15分区切りで間に休憩を入れた授業：ガンマ波が再び回復
この実験では、勉強後の学習成果もBのほうが17.2％高くなったことも明らかになっている。
出所：Watanabe and Ikegaya（2017）.

　正直、一部の読者の皆さんにとっては、15分というのは驚くほど短い時間かもしれません。講義や講演を思い浮かべた方なら、60分や90分の場を持たせるのがプレゼン術なのではないかと考えたかもしれませんし、コンサルタントやシンクタンクの方、あるいは、そのクライアントであれば、プレゼンは30分くらいかけて行う／受けるのが一般的だ、と思うことでしょう。

※1　Watanabe and Ikegaya（2017）. 簡単な日本語要約は以下のURLにて読むことができます。また、その後に行われた他の研究者による再検証でも15分程度で集中力が落ちることが確認されています（https://prtimes.jp/main/html/rd/p/000000562.000000120.html）。

しかし、30分や1時間かけて行われる「プレゼン」は、これまで有史以前から人が行ってきたコミュニケーションの形からすれば、特殊・不自然なものなのです。業務会議の中で行われる報告、上司あるいは部下に対して行う連絡、ゼミ時間内に求められる発表、手際良く行う自己紹介、取引先との間で確認する決めごと、YouTube の動画、テレビ番組のトーク……。こうした日常にありふれた「プレゼン」は、せいぜい長くて15分、たいていは5分で終わります。皆さんが普段何気なく行っているコミュニケーションこそ、人間としての真の姿なのです。人は、30分もじっと同じ話を聞いていられるようには、できていません。

　短いと変なのではないか。プレゼンにはある程度の長さが必要なのではないか。その思い込みは捨てましょう。たとえば、30分という時間の枠があるなら、丸々30分プレゼンをするのではなく、プレゼンは短く15分とする。その後、質疑応答に15分を使ったほうが、相手の集中度やストレスを考慮すれば、むしろ伝わりやすく、場も良好なものになります。**大切なことは、15分以内に伝えきる。**この意識を徹底するとよいでしょう。

02 15分で収まらないときは、 どうすればよいか

　とはいえ、ビジネスの場では、話の内容がどうしても15分以内に収まりきらないことも多いでしょう。そうしたときは、どうすればよいでしょうか。

　第1に考えるべきは、「それでも15分にまとめること」です。15分では無理だな、と割り切る前に、「自分のプレゼンにはまだ無駄な内容が多い」と考えるべきなのです。もう一度強調します。プレゼンは、聞き手目線でつくられなければならないのです。話したい内容が多いなどということは、話し手目線の話にすぎません。聞き手目線で見直せば、それは単に冗長なだけ、退屈なだけだと認識しましょう。そして結局、退屈だ、冗長だと聞き手に思われてしまうほうが、あなたにとっても損失が大きいのです。

　内容がどうしても15分に収まらないなら、質疑応答に回すのも手です。どうせこの点は質問が出るだろうと思ったならば、本編からは省いてしまう。テンポ良く本編を終え、聞き手に要点をつかんでもらったうえで、突っ込んだ部分は質疑応答で対応すればよいのです。本編で全部を語り尽くすという発想は、完全に話し手目線のデザインです。聞き手目線にデザインするなら、本編はコンパクトにまとめる。その後に聞き手から自然と出てくる質問に答える中で、あなたはすべてを語り尽くすことができるでしょう。

　とはいえ、世の中では30分、60分、ときに90分や120分ものプレゼンが求められることは、往々にしてあります。学校での講義や、教育・

研修、カンファレンスでの講演など。与えられたテーマに沿って、総合的な内容を話す必要があるときには、しかるべき長い時間が、皆さんに与えられます。

　そうした場面では、内容のまとまりごとに、20〜25分程度の「かたまり」をつくり、そのかたまりをいくつかつないで、全体構成を考えるようにしましょう（図表4-2）。人の集中力は15分なのだから、15分集中させたら、5〜10分ほど休息を与える。これを1つの「かたまり」とする。休息を経て再び集中力を回復してもらった後、また集中を要する内容に入っていくのです。

　この25分程度の「かたまり」で集中と弛緩のリズムをつくる方法は、イタリア人の経営コンサルタント、フランチェスコ・シリロが1980年代に編み出した時間管理術で、ポモドーロテクニックの名で知られます。[※2]ポモドーロとは、イタリア語でトマトのこと。シリロが、トマト型のキッチンタイマーで時間管理をしていたことにちなんで、名づけられました。

　シリロは、デスク作業を対象に、25分の集中と5分の休息による30分サイクルを提唱していますが、プレゼンの場合は、もう少し短くなるでしょう。先述のように、人の話を聞いて集中力が持続するのは約15分です。その後、5〜10分程度の弛緩の時間を挟んで、20〜25分程度のまとまりとする。学生たちに途中休息を与えることで、成績を伸ばした池谷さんたちの研究は、まさにその効果を実証したものなのです。

　では、プレゼンの中で、弛緩のフェーズはどうつくればよいのでしょうか。その例としては、質疑を挟んだり、ワークに取り組んでもらったり、クイズを出したり、あるいはコラム的な閑話休題をするといった方法があります。弛緩のフェーズは別に短くしなければいけないわけでもありませんので、15分くらい時間をかけて、しっかりワークを行ってもよいのです。もちろん、はっきり休憩としてしまうのも手です。そう

図表4-2 ポモドーロテクニック

長い構成が必要とされる場合は、集中とリラックスのリズムをつくる

集中	弛緩		集中	弛緩		集中	弛緩
15分	5〜10分		15分	5〜10分		15分	5〜10分

それでも全体で
50分程度に収めるのがよい
（長時間の集中が可能な時間は平均45分と言われるため）

して別のことをしてリフレッシュすることで、再びプレゼンへの集中力を回復してもらうことができます。

　集中の時間と弛緩の時間を組み合わせて、1つのかたまりにする。それをつなぎ合わせて、「集中→弛緩→集中→弛緩」というリズムをつくる。こうして、長いプレゼンであっても、聞き手のストレスを低減し、情報を伝わりやすくすることができます。聞き手の状態をこそ考えるなら、ずっと集中を強いるような話はしない。聞き手の集中力のバイオリズムに沿って、休息を定期的に与えるようなプレゼンこそが望まれるのです。

※2　シリロ（2019）。ポモドーロテクニックは、現代では仕事や教育の現場で採用が広がりを見せるようになっています。

主張を成立させるための
トライアンギュレーション

　続いては、相手に納得してもらうために、いかなる説得材料を、どれだけ示すべきかを考えていきましょう。

　ある主張が成立しているとする説得材料には、大きく分けて3種類があります。

　第1は、論理（ロジック）です。破綻なく、飛躍もなく、間違いもなく、議論の筋が通っていること。第2は、証拠（エビデンス）です。数字や物証などで、その主張の正しさを裏づけること。そして第3は、経験的妥当性です。現実にそれが起こりうることを納得させること。実例を挙げたり、聞き手のこれまでの経験を引き合いに出したりして、現実の世界で実際にそれが起こりうることを実感として理解してもらうことです。

　以上の3つの観点から、ある主張が正しいかどうかを吟味することを、**トライアンギュレーション（三角測量）**と言います。異なる3つの方法から妥当性が示されたならば、その主張は確からしい、と考えられるのです。[※3]

　ただし、3種もの方法を用いて主張の正しさを検証するなどという厳密さは、通常は求められません。よほど重要な事柄や、直観に反することを検証するときに求められる程度です。その「よほど重要な事柄」の例としては、「日本国内の経済格差は広がっている」というような事象を証明するときでしょう。本当に格差は広がっているのか、それはどういうものなのか。多くの人が疑問を持たれるような問題に答えを出すためには、論理・証拠（データ）・経験的妥当性が駆使される必要があるでしょう。

図表4−3 トライアンギュレーション（三角測量）

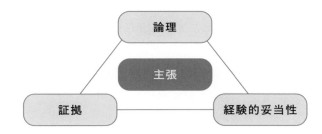

　実際、日本の格差の諸相を明らかにした決定版とされる、経済学者の大竹文雄さんの研究では、経済学の理屈で起こっていることが説明され、さらにデータとして効果が検証され、加えて人々の生活の実感として格差を感じる実例を提示していくことで、納得感をもって格差が広がったと説明することに成功しています。[4]

　一方、「直観に反すること」を証明した例としては、かつて中世の時代、地球が平らだと信じられていた頃に、「地球は丸い」ということを論証したガリレオ・ガリレイの仕事が挙げられるでしょう。数学的にその正しさを証明し、実際に惑星の様子を望遠鏡で観察したり、運行データをとったりすることで、それらが歪な球体として独自の法則性に従って動いていることを論じました。さらには、人々に同じ実験を自身で行ってもらい、再現させることで、古い考えにとらわれていた人々に、どうやら地動説こそが正しいらしい、と理解させたのです。[5] 論理、証拠、経験的妥当性（実験）で厳密に対象を証明したガリレオは「近代科学の父」と呼ばれ、このトライアンギュレーションは科学の方法として定式化されています。

　とはいえ、科学の世界でも、こ
こまでの厳密さが求められること
はめったにありません。「格差」

※3　藤本ほか（2005）。この本は、トライアンギュレーションの他、「研究」という行為をどう実践するのか、さまざまな検証の方法がまとめられています。
※4　大竹（2005）。
※5　ホワイト（1994）。

や「地動説」のような重大事項でない限りは、科学の現場でも2つ程度の方法で検証を行えば、おおむねその主張の妥当性は証明されたとされます。通常は、論理が通っていて、統計分析でもそのとおりの結果が観察されたならば、理論は検証されたと見なされます。

ですので、皆さんには、**「論証には3種類の方法がある。そのうちの2つくらいを使って、根拠を示すべし」**という話として、トライアンギュレーションのことを理解していただければと思います。何かを証明したいときには、理屈で語り、かつ証拠を見せる。あるいは、証拠と実例を挙げる。はたまた、実例とその論理を示す。こんな調子で、自分が用意できる論理・証拠・経験的妥当性を検討し、足りないものがあれば、適宜集めてくるなどして、主張を成立させるのです。

図表4-4 妥当性のあるプレゼンの構造

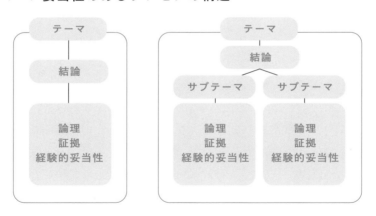

こうして、一般的なプレゼンの構造としては、1つのメインテーマに、主張が1つあり、それに対して論理・証拠・経験的妥当性が2～3ほど提示される、という形式となります。

相手の理解を促進する
「鳥の目・虫の目・魚の目」

　論理・証拠・経験的妥当性が、ある事柄を証明するための３種の手段であるなら、「鳥の目・虫の目・魚の目」は、ある事柄を多面的に見ていくための３種の視点です。

　物事に対する視野を高めたり低めたりしながら、ときには解像度を上げ、ときには俯瞰した見地から対象を見る。その中から、相手に新しい気づきを与え、理解を促進するのです。論理・証拠・経験的妥当性という切り口では上手く説得することが難しいと感じたときは、この「鳥の目・虫の目・魚の目」の切り口を使ってみましょう。

　鳥の目とは、物事を**俯瞰で見よ**、ということです。大空を飛ぶ鳥の視点から、人々の動き、社会の動きが全体でどうなっているのかを観察する。相手に、話している内容の全体像や、大局的な見地を与えてあげるわけです。

　とりわけ、仕事場や日常でのちょっとした小さな工夫など、**「小さなこと」を提案する場合には、心がけて鳥の目から説明するようにするとよい**でしょう。たとえば、仕事場でのあいさつ。小さなことですが、それを職場全体、会社全体で俯瞰して見たとき、会社にどういう変化が起こるか。そうした視点から、その工夫や改善が小さいことのように見えたとしても、実はとても大きな影響をもたらすのだ、ということが、相手に理解してもらえるかもしれません。

　逆に、あなた自身がこの鳥の目で物事を見直してみたとき、あなたが提案しようとした小さなことが、本当に組織や社会全体にとって取るに

図表4-5 鳥の目──俯瞰で見る

物事の全体像
（会社全体、社会全体、業界全体、チーム全体……）

議論している対象

議論している対象が全体にどういう影響を及ぼすか

足らないことにすぎなかった、ということに気づくこともあるかもしれません。

　続いて、虫の目とは「**多面的に見よ**」ということを意味する言葉です。たいていの虫は、人間よりも多く目を持っています。その多数の目によって目の前の対象をよく観察することで、虫は相手の動きを見逃さず、的確な行動がとれるのです。

　人間が、虫のような複数の目を持つためにはどうしたらよいのでしょうか。1人の視界から得られる情報は、その1人分だけ。だとすれば、Aさんの立場からはどう見えるか、Bさんの立場からはどう見えるか、ではCさんからは……と、別の人や組織の立場になることで、あたかも複数の目があるように、物事の異なる見方ができるようになります。

　たとえば、今世界で起こっているさまざまな紛争。ウクライナとロシアの間の有事がなぜ起こったのか、その解決の糸口は？　などと考えるとき、ウクライナ側からは問題がどう見えているか、ロシア側からはどう見えているのか、米国からは、中国からは？　とさまざまな立場から状況を見ていくと、物事の全容が、よりつかめてくることでしょう。

図表 4−6 虫の目——いろいろな立場から見る

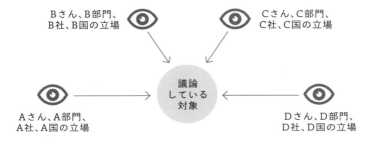

Bさん、B部門、
B社、B国の立場

Cさん、C部門、
C社、C国の立場

議論
している
対象

Aさん、A部門、
A社、A国の立場

Dさん、D部門、
D社、D国の立場

議論している対象はそれぞれの立場からどう見えるか

　最後は、魚の目。これは「**流れで見よ**」ということのたとえです。魚は、人にはとても捉えることができないような、水の中の細かな流れを上手く察知して生きています。その様子から、魚の目とは、時代の大きな流れや、世の中の動きの中で、対象を捉えるべし、との意味で使われます。

　たとえば、ブロックチェーンや、AI、ロボット、メタバース、NFT（非代替性トークン）などの技術革新は、大きな「第4次産業革命」という流れの中で起こっている一連の出来事です。AIというものを単独で捉えても、時代がどう変化するかまでは見えてきません。情報技術、通信技術の飛躍的な高まりが、総じて社会を大きく転換させようとしているのが現代なのです。

　その中で登場したさまざまな技術が、あるものは普及し、あるものは廃れ、さまざまに組み合わされて産業や生活を変えようとしている。そうした時代の流れの中で捉えるなら、ブロックチェーンやNFT、メタバースなどを「絶対に流行らない」とか「うさんくさい技術・商売」などと拙速に評価を下すのが、大きな誤りであることがわかってくるはずです。個別の技術のうちの何がヒットするかはわかりませんが、大きな

トレンドの中で、確かに私たちの社会は、これからいっそうデジタル化していくはずです。

図表 4-7 **魚の目──流れを見る**

議論している対象は、大きな流れの中でどう位置づけられるか

　説得の中では、相手にもこの大きな流れをつかんでもらうことが大切です。時代は、社会は、どちらに進んでいるのか。大きな潮流の中で、自分の話はどう位置づけられるのか。そのような視点から考えてもらうことも大切なのです。

　いかなるテーマを論じるときも、この鳥の目・虫の目・魚の目を使いなさい、というわけではありません。ですが、ある1つの視点からの説得だけでは物事の大切さや本質が伝わらないなと思ったら、次には「**俯瞰で見させる、多面的に見させる、流れで見させる**」ようなスライドを1枚用意するとよいでしょう。

情報は中立的に見せる

　「論理・証拠・経験的妥当性」にせよ、「鳥の目・虫の目・魚の目」にせよ、皆さんが自分の主張を成り立たせるためには、情報を提示し、説明することになります。ここで重要になるのは、自分の意見の正しさを証明したいからといって、特定の意見を支持するような偏った見せ方──「偏向した伝え方」をすることは、逆効果になるということです。

　ここで、皆さんに少し体験をしてもらいます。政府が実行しようとしている政策、たとえば、少子化対策の補助金を出すことについて、アンケートを行ったところ、賛成が70％、反対が30％だったとしましょう。この結果について、報道機関AとBが、以下のように報道しました。あなたはそれぞれの報道機関が、少子化対策に、賛成・反対、どちらの立場で報道していると考えるでしょうか。

> 報道機関A：7割もの人々がこの政策に賛成している。
> 報道機関B：10人のうち3人までもが政策に反対である。

　おそらく皆さんは、報道機関Aは少子化対策に賛成しているのだな、と感じるでしょうし、報道機関Bは、この政策に反対なのだな、と感じるでしょう。どちらの立場であるのか、実に容易に判別できてしまったはずです。

　こうした「特定の文脈で語る」行為をフレーミング（framing）といいます。そして、このフレーミングは一定程度、人の判断に影響を与える

ことが以前から知られていました。話し手がポジティブに表現すれば、聞き手はポジティブなことなのだと判断し、話し手がネガティブに表現すれば聞き手はネガティブに捉える傾向があります。

　行動経済学を創始し、その功績によってノーベル経済学賞に輝いたエイモス・トヴェルスキーとダニエル・カーネマンは、一連の研究の1つとして、フレーミングの存在を図表4-8のような実験で証明しています。[※6] 実験の参加者には、死に至る病気にかかった600人に対して、どちらの治療法を選択するかを求められました。治療法Aでは、200人が生存、400人が死亡すると予測され、治療法Bでは、1／3の確率で誰も死亡せず、2／3の確率で全員が死亡するとされました。これを、どう表現するかで人がどのように判断を変えるかが実験されたのです。

図表 4-8　トヴェルスキーとカーネマンによる実験

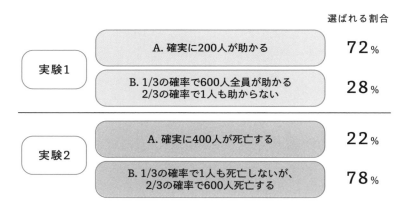

出所：Tversky and Kahneman（1981）をもとに作成。

　実験1では、治療法Aに対してポジティブなフレーミング（確実に200人を助けられる）がなされました。実験2では、ネガティブなフレーミング（確実に400人が死亡する）が行われました。すると、実験1では72%

の人が治療法Aを選んだ一方で、実験2ではその割合は22%にまで下落したのです。

こうして、フレーミングの有効性が広がるにつれ、政治家も行政も、マスメディアも、学者ですらも、フレーミングを他人に説明する際の技術として活用してきました。

しかし、今日の読解能力（リテラシー）を高めた一般大衆には、よほど巧妙に行われたフレーミング以外は見透かされ、逆効果となってしまいます。偏向した伝え方をしようものなら、「偏向報道」「情報統制」「プロパガンダ」などと叫ばれ、すぐに炎上してしまいます。

フレーミングはなぜ、20世紀に力を持ったのでしょうか。そして、なぜ現代ではフレーミングが効果を発揮しにくくなっているのでしょうか。その背後には、共通の根源的理由があります。それは、私たちには「文脈を読む」という高度な脳の働きが備わっているということです。

冷静に考えると、すごい脳の働きだと思いませんか？ 「7割の人々が賛成している」の1文で、話し手がこの政策について賛成していると察し、「10人中3人が反対している」の1文で、反対しているとわかってしまう。驚くべき、文脈を読む能力です。これこそが、人間が発達させてきた知性の働きです。ごくわずかな情報で、相手の感情を知ることができる。[7] 話し手が何を言おうとしているかは、全部を聞かなくても、わずか1文で私たちは察することができるのです。

たとえば、スピーディな英語での会話の中では、can（できる）とcan't（できない）はネイティブスピーカーでも音としては、ほぼ聞き分けることはできないことが知られています。にもかかわらず、それがcanなのかcan'tなのかの判断を誤ることは、ほとんどありません。どうしてでしょう。前後の文脈や、強調のされ方から、どちらなのかを判断しているからです。[8]

※6 Tversky and Kahneman（1981）.
※7 齋藤（2019）。文脈を読む力「読解力」とは何かから、その鍛え方まで解説されています。

図表4−9 政策に対する賛否のアンケート結果（例）

反対**30**% 賛成**70**%

　かつては、この「文脈を読む」力が素直に作用していました。まだまだ大衆が得られる情報が限られていた時代には、政府のプロパガンダやマスメディアの印象操作は、大変に有効だったのです。

　しかし、情報がリッチになった現代では、聴衆はその情報の海の中で、「文脈を『批判的に』読む」ようになりました。相手がフレーミングを行おうとすると、**わざわざそんな強調の仕方をするなんて、印象操作をしようとしているのだな、と感じてしまう**のです。

　では、そんな現代において、あなたはどのように情報を提示すべきなのでしょうか？　その答えは、自分の意見に納得してもらいたいなら、あなたはむしろ、ありのままのデータを、特定の立場に立たない中立的な姿勢で提示すべきだということです（図表4−9）。それでも十分、前後の文脈によって、あなたがどういう意見を支持する立場に立っており、このデータで何を言おうとしているのかは伝わります。その結果、聞き手は「**中立的にデータを見たからこそ、相手の言っていることが正しいと納得できた**」と、感じてくれるのです。

※8　最後の「t」がほとんど発声されていないことは、非ネイティブ向けの英語教育者の間で広く知られており、これをどう教育するかの方法も確立されています。それは、最後の't を聞き取ろうとするのではなく、英語では否定形を強調するので、「can't」の母音が強く発音されたならば否定形であり、肯定の場合は「can」そのものではなく、その後ろの動詞が強調されることを知っておく、というものです（田口、2012）。

06

ベネフィットで語る
4Pではなく4C

　プレゼンの表現上のポイントの第1が「中立に見せる」であるとして、第2のポイントは、相手の立場に立った表現の仕方にすることです。

　相手に提案したいものが本当に良いもの／ことである、と自分が信じるほどに、あなたのプレゼンは「○○ができる」「××の部分がすごい！」「東京大学の△△先生も認めた」「amazonランキング1位！」と、性能・機能・評判自慢になってしまう。そうした「すごさ説明」や「世間や専門家からの評価」も、セールストークとしてはあながち間違いではありません。そこに反応してくださる方も一定数おられます。

　ですが、それは本質的には聞き手にとっては、どうでもよい情報です。聞き手が本当に知りたいことは、「それは自分にとって、どういうメリットがあるのか」です。世間の評判や性能の話は、それを支える傍証にすぎません。肝心なことは、そもそも価値のあることなのかどうかを理解してもらうことです。

　営業職やマーケティング職の世界では、「相手にとってどういう価値になるのかを伝えろ」がセールストークやキャッチコピーの鉄則となっています。これを「ベネフィットトーク」と言います。ベネフィット（benefit）とは、相手にとっての便益を意味します。

　学術的には、「ベネフィットで語ること」を「4Pではなく4C」という表現を用います。[9] 顧客に製品・サービスを売るための学問であるマーケティング分野では、元来、

※9　Schultz et al.（1993）. マーケティングの4Cは米国のマーケティング学者ローターボーンの発案です。

図表4-10 **4Pと4Cの対応関係**

企業からの見え方 4P	顧客からの見え方 4C
どういう性能・機能か	どういうベネフィットか
Product 企業が提案する製品・サービスの内容	Customer Value 顧客にとっての価値
Price 企業が提案する価格	Cost 顧客にとっての負担
Place 企業が提案する販売チャネル	Convenience 顧客にとっての利便性
Promotion 企業が提供する情報	Communication 顧客とのコミュニケーション

企業が顧客に対して提案できる要素は４つのPである、と考えられてきました。Product（製品・サービスそのもの）、Price（価格）、Place（販売チャネル）、Promotion（販売促進：顧客への情報提供）です。[10] 今でも、この原則は変わりません。企業がマーケティングを考えるときには、この４つを用意することが求められます。

　しかし、これは「企業側が何を提案するか」という視点です。顧客側の「ベネフィット」から、これら４つの要素がどう見えているのか、捉え直してみなければなりません。すなわち、製品・サービスはCustomer Value（顧客にとっての価値）、価格とはCost（顧客にとっての負担）、販売チャネルとはConvenience（顧客にとっての利便性）、そして販売促進：顧客への情報提供とは、Communication（顧客とのコミュニケーション）になります。こうして、企業が用意するのは4Pだけれども、顧客からすれば、それは4Cだ（4Cとして提案せよ）とされるのです（図表4-10）。

　4Pで説明をする場合と、4Cすなわちベネフィットトークの場合とで、説得の仕方がどう変わるのか、比較例を挙げてみます。

図表 4-11　4Pと4Cにおける説得の違い

4Pで語る場合	4Cで語る場合
東大の人気講師○○先生による、人的資源管理の最新研究を踏まえた詳細解説講座シリーズ	部下育成メソッドが確立できる。理論に沿いながらも実践のためにデザインされた人材育成講座シリーズ
企業努力の結果、価格は月額3850円で提供できるようになりました	本を2冊買うのと同じくらい。スマホの月額料金くらいの、月額3850円です
多くの方に受けていただけるよう、完全オンラインでの開講といたしました	地方にお住まいでも、東大のキャンパスと同じ内容が受講可能です
お問合せは○○@gmail.comまで。1〜2営業日のうちに対応いたします	気になることはお気軽に、○○@gmail.comにご連絡ください。2営業日以内にお返事します

　いかがでしょうか。左側のままでも自分には十分だ、という方もおられるでしょうが、右側で語ってくれたほうが、メリットがわかりやすいという方も少なからずおられるはずです。少なくとも、右の4Cのスタイルを採用してまったく損にはならないのですから、「なるべく多くの人に理解し、納得してもらう」という説得のねらいからすれば、「4C＝ベネフィット」で語れるよう、工夫と練習をするべきでしょう。

　なお、4Cはあくまで基本となる「考え方」です。慣れてきたら、ストーリーで語る、例で語る、比較で語るなど、あなたなりの方法でベネフィットを伝えるようにしてみましょう。

※10　McCarthy（1960）. マーケティングの4Pのほうは米国のマーケティング学者マッカーシーによってつくられました。

07

過剰一般化を避ける

- 日本人はみんな出る杭を打とうとする。
- ネットでは右翼も左翼もみんな主張がおかしい。
- 宗教法人はみな闇がある。
- 営業職なんてオワコンだ。
- 生まれつきの容姿で、人生は決まる。

　皆さんは、以上の文章が単なる例示だとわかっていても、どことなく嫌な感情を抱いたのではないでしょうか。これらの文章の問題は、どこにあるのか。そもそも主張自体が間違っている可能性も大いにありますが、「主語や目的語の対象が大きすぎること」にも、問題があることに気がつくはずです。「日本人は」「ネット右翼は、左翼は」「宗教法人は」「営業職は」「容姿で」と、大きな対象についてキッパリ断言していることが問題となるのです。そうとは言い切れないだろう、と。

　これは、学術の世界では、過剰一般化（over-generalization）と呼ばれる問題です。学術論文では、その論文で検証された内容はどのくらいの一般性を持っていることなのか、厳密に吟味します。

　たとえば、「人は自己実現をすることが働くモチベーションになる」とする説があります。人の欲求はまず動物的な生理的欲求や安全欲求から始まり、次に仲間や承認を求め、その先には自己実現欲求がある、としたマズローの欲求5段階説以来の学説です。これが人間に普遍の真理

なのか、近代人に固有の感じ方なのか、それとも現代にあっても時と場合によるのか、実は依然として決着していません。ですから、学者たちは、こうした学説がどのくらいの一般性を持ちうるのかを、自分の行った実験や観察を踏まえて、慎重に論じるのです。

　一般化をするのは、とても大変です。過去・現在・未来にわたって普遍であるのか、どんな地域、どんな条件でも成り立つのか、そうした問題をクリアしてようやく一般化できるわけですから、皆さんも過剰一般化問題には慎重であるべきでしょう。先ほどの言説で言えば、せいぜい、これくらいが妥当な表現でしょう。

- 日本人の中には、出る杭を打とうとする人も少なからずいる。
- ネットでは右翼・左翼の中にはおかしい主張をする人もいる。
- 宗教法人の中には闇を抱えているところもある。
- 営業職はある意味ではオワコンと言える。
- 生まれつきの容姿で人生が左右されてしまう側面もある。

　このように表現を和らげると、主張のキレが悪くなるのは否めません。ですから、影響力を持ちたい知識人やタレント、インフルエンサーは、あえて、過剰一般化をした物言いをするのです。よくよく考えれば、特別なすごさがそこにあるわけではありません。多くの人が根拠がないからと避ける断言を、根拠がないにもかかわらずやっているだけにすぎないのです。「普通の人ができない、言い切った主張をする、この人はすごい！」などと、騙されないようにしましょう。

　ましてや、皆さんは絶対にこうしたインフルエンサーやテレビタレントをまねて、妙な断言はしないようにしましょう。言い切りによって得られる主張のキレ、はたまた、言い切っている自分自身へのカタルシス（高揚感）に対して、あまりにもリスクが大きすぎます。ひとたび炎上す

れば、あなたが再びエトス（発信者、発言内容への信頼感）を獲得するのにかかる時間や努力は膨大なものになるのです。

　炎上は往々にして過剰一般化で起こる。リスクと効果を秤にかけたとき、過剰一般化は皆さんがとるべき選択肢ではありません。過剰一般化は、「炎上上等」で振る舞えるひろゆきさんや堀江貴文さんのような方だけの特権だと思いましょう。

図表4−12　**過剰一般化が抱えるリスク**

	過剰一般化する	過剰一般化を避ける
炎上上等で目立ちたい	○ 炎上上等で目立つには有効  〜な人は馬鹿です	× 炎上上等で目立つには効果的ではない  〜な人は損をしているかも
炎上を避け内容で説得したい	× 不要な諍いをもたらすので説得には不向き  〜な人は馬鹿です	○ 内容を正しく伝えるには適切  〜な人は損をしているかも

「隙あらば自分語り」

　表現磨きの最後に、自分のエピソードを話すことの功罪について、論じておきます。

　自分のエピソードを話すことは、ロゴス・パトス・エトスを表現するうえで、たいへん有効な手段となります。ロゴス（論理性）の観点からも、自分のひとまとまりの体験として説明できますし、パトス（情緒性）からも、自分の思いはどこにあるのかを説明できます。さらに、エトス（信頼性）の意味でも、自分がなぜこの問題を扱っているのかを、自分ごととして語ることができるからです。

　しかし、自分語りが、時折ひどい逆効果をもたらしうることを、皆さんは知っておく必要があります。上手に語られなかった自分のエピソードは、人の不興を買ってしまうだけの結末となるのです。

　というのも、自分語りは必ず人の嫉妬心を呼び覚ましてしまうからです。オリンピックでメダルを取ったり、会社を上場まで導いたりするような、誰もが納得でき、もはや嫉妬の感情も湧かないような圧倒的実績に紐づくエピソードでない限りは、自分語りは「隣の芝生は青く見える」という効果をもたらしてしまうのです。

　ちょっと古いネットスラングですが、「隙あらば自分語り」という表現があります。匿名掲示板などで、文脈に沿っていないにもかかわらず、無理やりにでも自分のエピソードを語ろうとする行為に対して、諌めるように使われる表現です。掲示板やSNSでは、自分語りはとても嫌がられることが知られています。

その理由は、自分語りが嫉妬という不快な情動的刺激をもたらすからです。自分語りに、一切の誇張・自慢が入っていないとしても、これは人の生理的現象として自然と発生してしまうものなのです。※11

人間には誰しも、自己愛という精神機能が備わっています。自己愛の機能がなければ、私たちは簡単に自分の命を危険にさらしてしまいます。ですから、自己愛は非常に大切な心の働きなのですが、**他人の語りは必ず自己愛に刺激を与え、あなたのストレスとなるのです**（これが嫉妬という反応です）。

現代人の幸福感を下げる主な原因は、他人と自分を比較してしまうことであることが知られています。世界幸福度ランキングのトップはフィンランド、日本は47位ですが、フィンランドは日照時間が短く、うつ病発症率も世界トップ、税金の国民負担率は62％、自殺率も高い国として知られています。

それでもフィンランドの人々が高い幸福を感じるのは、他人をうらやましいと思わないからだといわれています。大金持ちも、持たざる人も、美人も、そうでない人も、みんな一様に長い冬をテレビを見て過ごし、同じような暮らしぶりをしている中で、他者への嫉妬が湧き起こりにくいのです。

これに対して日本は、日々を暮らしていても嫉妬ばかりを感じてしまいます。タワマンに住んでは上層階と比較してしまい、街を歩けば美人をうらやましがり、友達に会ってはブランド品に目を奪われる……この嫉妬の感情が、日本人の幸福感を下げているのです。

自分語りにあふれたSNSが、嫉妬心をかき立て続けることから、精神衛生に非常に悪いことも知られています。実はSNSは人々にさまざまなストレスを与えていることが知られているのですが、SNSがもたらす4種のストレス（興奮・緊張・抑うつ・疲労感）の多くが、他人の様子に対する嫉妬を要因とすることが明らかになっています。図表4−13を

図表4-13 SNSがもたらす4種の主要ストレスは
他人に対する嫉妬が主な要因

	興奮	緊張	抑うつ	疲労感
1位	社会的比較	投稿拡散不安	社会的比較	過剰なつながり
2位	閲覧の強要	過剰なつながり	過剰なつながり	背伸び
3位	背伸び	背伸び	投稿拡散不安	社会的比較
4位	投稿拡散不安	閲覧の強要	閲覧の強要	投稿拡散不安
5位	SNSと現実の違い	SNSと現実の違い	背伸び	閲覧の強要

出所：岡本（2017）をもとに作成。

見ると、興奮と抑うつをもたらしているのは「社会的比較」、すなわち、他者と自分とを比べてしまうことがその原因の1位となります。また、社会的比較は疲労感でも3位です。自分を相手に良く見せようとする「背伸び」行動も、自分自身へのストレスとして4項目すべてで上位に入っています。[12]

　自分語りは、相手の嫉妬をかき立ててしまい、結果として相手に不快な感情を抱かせ、あなたの人物評を悪化させる原因となってしまいます。もちろん、「自分のことを語る」ことがテーマのプレゼンでは、話は別です。聞き手は自分語りを聞くのだという心の準備をしていますから、嫉妬感情が無闇にかき立てられることはありません。しかし、他のテーマのことを議論している場面で、「自分の経験では〜」「自分の場合は〜」と話し始めても、それは必ず嫉妬の感情を呼び起こしてしまいます。

　ですから、自分語りは、それがもたらす説得上のプラスの作用と、必ず併発してしまう相手の嫉

※11　堤（2006）；大石・土方（2020）；吉田・土方（2015）。
※12　岡本（2017）。

妬感情によるマイナスの作用とのバランスのうえで、前者を最大限高められ、後者をしっかり抑え込めるならば、実施すべきです。

　自分の経験をプレゼンの中に組み込みたいなら、最大限、自慢・誇張要素を排除することです。自慢に聞こえそうなところは特に気をつけてデザインする。また、主観を伴う部分も取り除き、状況を徹底的に客観視して議論すべきです。そうした自慢を排そうとする態度をもってようやく、自分語りを通じてあなたの人柄への信頼を高めることができるのです。

　ちなみに、自分の実績を誇張・自慢するのは避けるべきだとして、**自分のことを卑下しすぎるのも、聞き手の皆さんは困ります**。「自分なんかが……」「私には何の実績もないですけど……」「私なんかがこんな発言をするのもおこがましいですが……」なんて態度を取ったとしても、聞き手はどう反応してよいか、困ってしまうでしょう。そんな卑下に何の価値もありません。

　そんなわけで、自分語りはかなりの手練れの話し手になったときに、ようやく武器になるというレベルの、扱いが難しい技術です。プレゼンの力を高めたいならば、まずは、自分語りを使わずに話を構築できるように、力を磨いていくべきでしょう。

第**3**部 スライドをつくる

第 **5** 章

「リスクフリー」な
資料は自分を助ける

　21 世紀経営学の最大の進歩の 1 つは、「成功する起業家は、リスク回避をしていること」が解明されたことにあります。20 世紀の間は、研究者も、実務の世界でも、起業をする人は「リスクを冒してチャレンジをする人」だと思われてきました。しかし、慎重な分析の結果として明らかになってきたのは、リスクをとっている人はそのリスクのために失敗しており、むしろリスクを避けるタイプの人のほうが、不確実性に満ちたチャレンジを成功裏にまとめているという事実だったのです。

　挑戦者こそ、リスクを避けるべきである。言われてみれば、皆さんもそのとおりだと思うでしょう。音楽発表会やスポーツの試合で、ぶっつけ本番の技が決まる可能性は限りなく低く、自信のある技術でこそ安定して高いパフォーマンスを発揮できる。プレゼンだって、同じだと思いませんか？　そんなわけで、プレゼン資料をリスクフリーにつくっていく方法をしっかり身につけましょう。

資料づくりに求められる「2種類のフリー」

　本章からは、プレゼン資料のつくり方に入ります。資料づくりのキーワードは**「リスクフリー＆ストレスフリー」**です。あなたがプレゼンを行うとき、そのチャレンジの成否を委ねるのがプレゼン資料です。そんな、命を預ける相棒に求められるものが、この2種類のフリーなのです。

図表5-1　失敗しない資料づくりのカギは「2種類のフリー」

リスクフリー

ストレスフリー

エベレストに使い慣れていない装備で
挑む登山家はいない。
プレゼンターのための資料づくりの
基本精神が、リスクフリー

数十分間も、難解な話に
耐えてくださる聞き手への礼儀。
聞き手のための資料づくりの
基本精神が、ストレスフリー

　リスクフリーは、プレゼンターにとっての、あるべき資料の姿です。エベレストに、整備状態の悪い装備で臨む登山家はいません。入念なチェックを行い、手に馴染んだものだけを、自分の命を預ける道具に選ぶはずです。プレゼンも同じです。当日、資料が動かなかったり、表示

がズレてしまったり、誤作動してしまったり……などというミスが出そうなギミックはすべて取り除き、自分がしっかり使いこなせている機能だけで、発表を行うべきです。

他方で、**ストレスフリーは、聞き手側にとっての、あるべき資料の姿**です。聞き手はこれから、自分の人生の貴重な数十分間を割いて、あなたの発表を聞いてくれるのです。それが不快な体験であったとしたなら、話し手・聞き手の双方にとって、悲しいことになってしまいます。プレゼンターは、その時間を最大限に有益なものとするため、聞き手が感じる苦痛を取り除いてあげるべきです。あなたのプレゼンの効果を最大化するためにも、相手をうんざりさせないことが大切になるのです。

こうして、プレゼンターにとってはリスクフリー、聞き手にとってはストレスフリーになるような資料こそが、良いプレゼン資料だということになります。そして、実際のところリスクをもたらす原因とストレスをもたらす原因は、かなり一致します。プレゼンターにとってリスクなこと、たとえば、動画が動かないとか、映像が投影できないといったことは、聞き手にとっての最大のストレス要因なのです。

リスクフリーと、ストレスフリーの両立を図れる資料とは、どのようなものか。そこにも、科学的な知見がたくさんあります。1つずつ紹介していきましょう。

矢沢永吉は
損害保険に入っている

　日本武道館でコンサートを行えることは、日本のミュージシャンにとっての１つの目標地点です。なぜなのか？　その歴史的背景には、燦然と輝く日本人ミュージシャンの活躍があります。矢沢永吉さんです。

　それまでは武道の場としてしか使われてこなかった日本武道館を、最初にコンサートで使ったのは、20世紀を代表するロックバンドのビートルズでした。これをきっかけに、日本武道館では数多のミュージシャンがコンサートを行うようになりますが、日本人のソロ・ロックアーティストとして初の日本武道館公演を成し遂げたのが、矢沢永吉さんでした。

　高校卒業と同時に５万円を握りしめて上京、身一つから「成りあがり」を果たした矢沢永吉さんのその軌跡は、伝説となりました。矢沢さんはその後も日本武道館を聖地とし、歴代最多となる149回（2023年１月現在）の公演を行っています。

　そんな矢沢さんは、あまりメディアに登場せず、大衆に媚びたりしない、孤高のミュージシャンでした。滅茶苦茶にワイルドで、破天荒で、向こう見ずで、我が道を行く。そんなイメージがあった矢沢さんですが、あるとき珍しく歌番組に出演します。お笑い芸人の石橋貴明さんと歌手の中居正広さんがMCを務める『うたばん』の1998年の放送でした。あのYAZAWAがテレビ番組に出るということで、当時のロックンローラーたちはテレビの前に釘づけになったのですが、そこで明らかになった衝撃の事実がこれでした。

矢沢は、自分の車に保険をかけている。

あの、あの大胆不敵な矢沢永吉さんが、あのYAZAWAが、なんと損害保険に入っている……！　MCの石橋さんと中居さんが、「YAZAWAが保険入っちゃダメでしょ！」と全力で突っ込んでいましたが、これはまさしくテレビの前の視聴者の気持ちを代弁したものでしょう。破天荒なエピソードばかりが知られている、伝説的なミュージシャンの人間的な姿が、少しだけ垣間見られた瞬間でした。

しかし、実はここには、挑戦者とリスクの間にある、重要な科学的関係が秘められています。このエピソードは、矢沢さんのような明日の身を省みないような人でも、保険くらいは入る、という話ではありません。むしろ、**矢沢さんのように、大きな新しいことに挑戦して成功するような人は、つまらないことで失敗しないよう、リスクを避ける**ものなのです。

図表5-2　成功する挑戦者は不要なリスクは取らない

成功する挑戦者は、リスクを冒さない。このことを解明したのは、米国在住のインド系経営学者のサラス・サラスバシーです。彼女は、成功した起業家と優秀な大企業のマネジャーとの違いを明らかにすべく、彼らの真なる思考に深く接近していくような比較研究を行いました。そこ

から彼女は、従来研究で語られていた起業家像とはほど遠い、真の起業家の姿を明らかにしています。[※1]「エフェクチュエーション」と名づけられた彼女が提唱する理論は、21世紀経営学の最大の前進の1つと考えられています。

　かつて、成功する起業家は、リスクをおそれずに果敢な挑戦をする人だと見られていました。しかし、サラスバシーの研究では、大いなる目標に挑む起業家は、その成功確率を少しでも高めるため、むしろ余計なリスクを避ける傾向にあることがわかったのです。

　彼女が見いだした起業家の特徴「エフェクチュエーション」をまとめると、図表5-3のようになります。

図表 5−3 **成功した起業家と大企業のマネジャーとの違い**

	成功した起業家	優秀な大企業のマネジャー
発想の起点	手元の手段から考える	最終目標から考える
リターン／リスクに対する考え方	許容可能な損失を計算してその範囲で行動する	期待利益を最大化できるように行動する
未来に対する態度	コントロール可能な事柄に集中する	コントロール不能なものを予測する
変化への対応	想定外の事態から次なる機会を見つけ出す	想定外の事態を避け、計画どおりに統制する
外部との関係	可能性のある仲間を探す	競合との戦い方を考える

出所：サラスバシー（2015）をもとに作成。

　この表にもあるように、リスクに対してむしろ果敢な姿勢をとるのは、大企業のマネジャーのほうでした。大企業の中ではある程度地位も守られているし、使える資源も多い。失敗しても会社が傾くことは考え

づらいため、リターンを最大化するために、リスクのある挑戦を行う傾向にあることがわかったのです。

一方、より資源が少なく、不確実な環境にさらされている起業家のほうが、リスクを避け、失敗の芽を摘みながら、自分でしっかり状況をコントロールしようとしていました。そして、成功した起業家は、それでも起こってしまう想定外の事態に対し、十分な備えもしていることがわかりました。こうした様子を捉えて、サラスバシーは「**起業家は、乱気流の中の飛行機を操縦するパイロットのようなもの**（pilot-in-the-plane）」であると表現しています。

大きなヴィジョンに向かってチャレンジし、日頃から不確実性の高い環境で仕事をしているからこそ、起業家は余計なリスクを背負い込まないようにしていたのです。

これが、リスクフリーの精神なのです。プレゼンターも、起業家や、乱気流の中のパイロット、そして矢沢さんと同じです。何が起こるか、不確実性が高い状況で、目標達成のためにベストを尽くすべき状況にいるのです。ここでプレゼンターがとるべきアプローチは、無駄にリスクのある行為は避け、最大限、自分がツールや場をコントロールできている状態に置き、それでも起こりうる不測の事態への対応も整えておく、ということ。聞き手にあなたの思いが伝わる確率を、少しでも改善するために、あなたはプレゼンの場で余計なリスクを背負い込む必要はないのです。

これが、プレゼンの資料づくりにおける基本方針です。プレゼンの場で、あなたが頼りにできる武器は、事前につくり込んだ資料しかない。実際、プレゼンの場で、資料が想定どおりに動かず、失敗した経験のある方も少なくないでしょう。資料は、不測の事態が起こりにくく、ねらった効果が安定的に発揮できるような、自分がしっかり操ることができるものにする。これが鉄則です。

※1　サラスバシー（2015）。

凝ったツールは使うな

　当日に使う資料でリスクは決して冒さない。この原則に則るなら、資料づくりでまず言えることは、「凝ったことは絶対にすべきではない」ということです。どんなプレゼン環境においても安定したパフォーマンスを発揮できる資料とは、PCのスペック、通信環境、使用ソフトウェアなどを選ばない、テキスト、図案、表、写真などの標準的な要素だけでつくられた、シンプルで軽い資料です。

　プレゼンテーションソフトは、パワーポイントかPDF以外のものは避けるべきです。プレゼンでは、あなたのPCではなく会場備え付けのPCを使わないといけない状況もあります。複数人が登壇するセッションで、誰か1人のPCにファイルを全部入れておく、という状況もあります。そうした場合に、独自のツールでつくっているスライドだと、表示できない場合があるからです。また、幸運にもスライドが表示できた場合でも、レイアウトが崩れたり、フォントが変わったりして、見た目の悪いプレゼン資料になってしまうことがあります。いつどこでも安定したパフォーマンスにするためには、トップシェアのツール以外は使うべきではありません。

　Macの人はどうすればよいか。プレゼンをよく行う方でしたら、やはりKeynoteではなく、パワーポイントをインストールしておいたほうが無難です。あるいは、Googleスライドを利用し、ファイルはppt形式で保存しておくのがよいでしょう。

図表 5-4 プレゼンの場で表示されてはいけない画面①

これが出たらプレゼンは
失敗だと思え！

　なるべく、通信環境を必要としないプレゼンにすることも大切です。その場でウェブサイトを開いたり、YouTube 動画を見せたり、ウェブアプリを使って見せたりしたときに、思いがけず通信容量を食って、ロード中のアイコンがクルクル回って止まってしまうことがあります。相手先の会社でプレゼンを行う場合には、Wi-Fi は使えないことが一般的です。また、公共施設などでは、Wi-Fi が非常に弱かったりする場合もあります。まだまだ未発達の現代の通信環境事情では、常に Wi-Fi が使えるとは想定しないほうがよいのです。

　どうしても通信を使いたい場合は、自前で通信環境を確保しておくべきです。自分でポケット型 Wi-Fi を持っておくか、あるいはスマートフォンなどでテザリングを行うか。ある程度、安定した通信を自前で整えたなら、通信容量を使うプレゼンも実行可能です。

　とはいえ、ファイルをローカルに保存しておくことだってできるわけですし、リスクのある行動を取っていることには変わりはないのですから、なるべくなら避けたほうがよいでしょう。

　PC の処理能力を大きく使うソフトウェアなどもなるべく使わないことです。AI やプログラムを動かしてみせたり、動画を再生したりする

場合が、その最たる例だと思います。あなたのPCの処理能力のごくわずかな割合しか使わず、ちゃんと動くかどうか、事前に100％確認できていた場合においてのみ、重いプログラムは実施すべきです。まして、わざわざプレゼンで使う必然性があるのかどうか、よくわからない妙なフリーソフトなどは絶対に避けましょう。PCが止まったら、あなたのプレゼンはもう失敗です。

図表5-5 プレゼンの場で表示されてはいけない画面②

これが出たらプレゼンは
もちろん大失敗

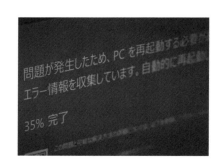

　このように考えると、たとえ効果が見込めるとしても、「動画は結構危ない」ということになります。私は、第2章04では「動画は説得力を高める」と述べました。それ自体は嘘偽りではないのですが、この章を踏まえるなら**「通信も使わず、PCの処理能力の範囲内で、きちんと動作する」場合において、動画は有効となる**、と追記・訂正しておきます。事前にダウンロードし、必要なら画質を落とすなどしてファイルを軽くし、十分に動作確認を行ったうえで、動画を活用するようにしてください。

　資料づくりから少し逸れますが、この「リスクを冒さない」という意味では、PC選びでも、とても重要なことがあります。それは、HDMIケー

ブルが差せる、ということです。誤解をおそれずに言えば、私は**PCと**
は「HDMIケーブルが差せる」もののことを指すと考えています（笑）。

　講義・講演・研修を生業とする私にとって、これはPC選びの最重要
要素なのです。接続トラブルは、あなたのねらったようなプレゼンがで
きなくなるだけでなく、会場スタッフにも迷惑をかけることがありま
す。もしあなたの持っている機械にHDMIケーブルが差せなければ、
常時、カバンの中にはHDMI変換アダプタを用意しておくようにしましょう。

図表5-6　**HDMI変換アダプタ**

国際統一規格という気高い精神をないがしろにするな

　そもそも、各社が異なる規格・仕様の商品を出していては世界的に不
便・不都合が大きすぎる、という事情から策定されているものがHDMI
やUSBなどの国際規格です。映像データの送受信にはこれを使いましょ
う、とソニーやフィリップスなど日米欧の主要エレクトロニクス企業
が、各社平等の負担の下に共同で策定したものがHDMIです。

　社会の利便性のために国際統一規格をつくったその気高い精神に賛同
するならば、あえて独自規格の不便を背負い込んだりしないようにしま
しょう。

アニメーションと
タイミングは使わない

　一見、便利そうに見えて地雷になりかねないのがパワーポイントのアニメーション機能です。アニメーション機能とは、事前に図やテキストの動作を指定しておくことで、あなたの任意のタイミングでプレゼン中に動作させることができる機能です。自動で絵が動くじゃん！　と初めて使う方は感動してしまうものですが、この機能は以下の4つの点において難物なのです。

①**うっかりクリックしてしまう**……手元で操作するポインターなどを使うときにやりがちなミスです。ねらったタイミングではないところで動き出してしまうと、とっても恥ずかしいです。

②**戻すのに手間がかかる**……プレゼンでは、その後の質疑応答なども含め、資料は「行ったり来たり」することが一般的です。ここで、アニメーションを組み込んでおくと、前のスライドに行くために、アニメーションを順次逆戻ししなければならなくなったりします。もちろん、先のスライドに進む場合も同様です。

③**遅いアニメーションにイライラする**……ものによっては、アニメーションの動きがあまりにスローで、プレゼンターも聴衆もじれてしまうことがあります。

④**現場での柔軟な対応がしにくくなる**……プレゼンでは、当日その場になって、スライドを端折ったり、そもそも飛ばしたりすることも多々あります。しかし、アニメーションを組み込んでいると、戻るにも進

むにも、ポチポチとボタンを連打することになります。現場での柔軟
な対応がしにくくなり、したがって不測の事態にも対処しにくくなる
という意味でも、アニメーションは組み込まないのが吉です。

そして、パワーポイントには「タイミングを使用」という大変危険な
ツールがあります。パワーポイントには、「リハーサル」という便利な
機能があります。「スライドショー」のリボンを開くと、リハーサルと
いうボタンが見つかるはずです。実際にパワーポイントを使いながらプ
レゼンをしてみて、どのスライドに何分何秒かかった、ということを測
定してくれる、プレゼンターにとって実にありがたい機能です。私も、
重要かつ時間がタイトなプレゼンの前などにはリハーサルを用いて練習
をしながら、時間のかかった部分を修正したりします。

図表 5-7 **時間を記録してくれる便利な「リハーサル」機能**

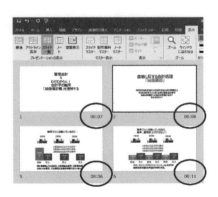

リハーサル機能を使えば
どのスライドにどのくらい
時間がかかったかわかる

しかし、ここに困った機能が付随しています。それが「タイミングを使用」です。これは、リハーサルで再生したタイミングでスライドが動いてしまう機能です。たとえば、リハーサルで最初のスライドを５秒で済ませたとしたら、本番でのプレゼンでも否応なく５秒で次のスライドに進んでしまうのです。最初に自己紹介をしようと思ったら、どんどんページが進んでしまって焦ったという経験をした人もいるはずです。

図表５-８ **気をつけたい「タイミングを使用」という機能**

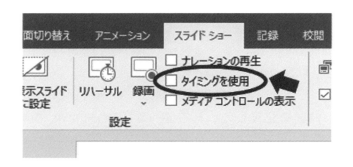

　この「タイミングを使用」は、パワーポイントのバージョンによってはデフォルトで「オン」になっているはずです。デフォルト設定を変えるか、その都度オフにするか、そもそもリハーサルを使わないか。対策は皆さん次第ですが、このマイクロソフトの親切心からの余計な機能に、十分注意してください。

文字フォントはゴシック系、
サイズは24ポイント以上

　百聞は一見にしかず。実際に、見ていただきましょう。近づけてみて、次には遠ざけてみて、最も読みやすいものはどれですか。この本を動かしながら、比べてみてください。

図表 5 - 9　フォントによる判読性の違い

近くからでも遠くからでもOKなのは、どのフォント？MS明朝

近くからでも遠くからでもOKなのは、どのフォント？MSゴシック

近くからでも遠くからでもOKなのは、どのフォント？メイリオ

近くからでも遠くからでもOKなのは、どのフォント？游明朝

近くからでも遠くからでもOKなのは、どのフォント？游ゴシック

　皆さんのご意見は、いかがでしたでしょうか。おそらくは、MSゴシックか、メイリオか、游ゴシックを選んだのではないかと思います。それもそのはず、判読性の高い日本語フォントとして採用が広がり、改良が続けられているのが、ゴシック体なのです（メイリオもゴシック体系列の1つです）。

　そして、そんなゴシック体の中でも、遠視の人、近視の人、さまざま

に視覚的な困難がある人にとって、最大限に見やすくなるようデザインされたものが、ゴシック体の傑作とされるメイリオです。とはいえ、見えやすさには個人差はあります。健常な視覚能力を持つ方にとっては、MSゴシックのほうが見やすいかもしれません。メイリオは、どんな人にとっても判読性がなるべく高まるようにと開発された、ユニバーサルデザイン（UD）のフォントです。メイリオという名前も、「明瞭」をもじったものです。

　メイリオ系のフォントは、さらに改良が続けられており、本書を執筆している2023年時点では、Meiryo UIがその最新版です。UIとは、ユーザーインターフェースの意味です。マイクロソフトが、自社のUIとして世界中、1億人以上の日本語話者に幅広く対応するために全力を挙げて開発したものがMeiryo UI。どんな視覚特徴の方にも読みやすく、かつその判読性を維持しながら、なるべく多くの文字を空間に詰め込めるようにも工夫されています。こうした特徴を持つフォントであることも踏まえ、私のYouTubeや講演資料は、すべてMeiryo UIで作成されています。

図表 5-10　フォントの思想

> 文字のかたちから、とめ・はね・線の太さまで、
> なるべく正しく表記しようとしたものが明朝体
>
> もともと段落やタイトルに使うものとして作られ、
> その可読性の高さから、資料やウェブサイトなどで一般に使われ、
> 近年、急速に普及しているゴシック体
>
> ゴシック体を進歩させ、遠視の人、近視の人、
> さまざまな視覚的特徴を持つ人向けに
> ユニバーサルデザインとして開発されたものが傑作メイリオ
>
> そのメイリオの最新版であり、マイクロソフトが自社UIに採用するために、
> 可読性を確保しつつ、より多くの文字が同じ空間に収まるように工夫され、
> 生み出されたものがMeiryo UI

メイリオ／Meiryo UI は、線が太くて子どもっぽい、でかでかしていてセンスを感じないと思う方もいるでしょう。そうした方は、ゴシック体のシリーズから自分好みのものを採用ください。ただし、近年マイクロソフトがプッシュしている游ゴシックは、線が細すぎるため、プロジェクターなどに投影したときには、線が見えづらくなるきらいがあるようです。

とはいえ、です。**フォント選択の基準は、カッコよさではありません。なるべく多くの人にとって、読みやすいということが、フォント選択の正解です**。世の中には、遠視の方、近視の方、見えはするけれど何らかの視覚困難を有する方（文字が文字として頭に入ってきづらい方）などもいらっしゃいます。そうした人たちのことも考慮して、見やすいフォントの開発が日々続けられているのです。明朝体やゴシック体についても、ユニバーサルデザインで再構築された UD 明朝、UD ゴシックが開発されています。そうした取組みの、ひとまずの最高傑作が Meiryo UI なのですから、**プレゼン資料は Meiryo UI 一択**です。

「でも、この本はメイリオで書かれてないじゃん」というご指摘はごもっとも。本書や、あるいは他の本でもメイリオが使われないのにも、実はちゃんと理由があります。プレゼン資料は、「遠くからでも、誰にでも読みやすい」が考慮事項でしたが、本の場合には「読んでいて疲れない」という、また別の大切な検討要素が入ってくるのです。判読性の高いメイリオではありますが、1つ1つの文字の視覚的印象が強いため、長文だと、読んでいて疲れてしまう。そのため、本の場合には、明朝などのもう少し落ち着いたフォントが使われます。

そして図表5–11 は、プレゼン資料の実際のサイズに対する、フォントサイズの比較表です。経験則として、プレゼン資料などのフォントサイズは24 ポイント以上が望ましいとされています。実際、このように見ると、24 ポイントでもギリギリのサイズであることがわかるはずです。

図表 5-11 フォントサイズの比較

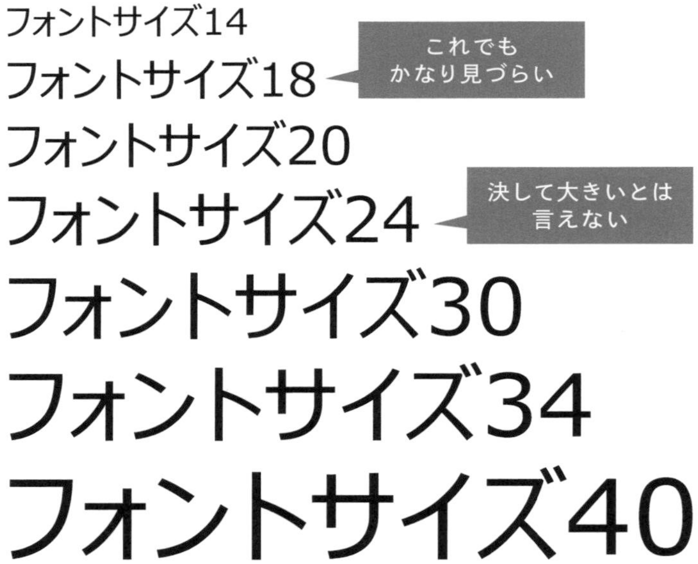

フォントサイズ14
フォントサイズ18　これでもかなり見づらい
フォントサイズ20
フォントサイズ24　決して大きいとは言えない
フォントサイズ30
フォントサイズ34
フォントサイズ40

　展示会など、大会場での講演をする際には、主催者側から「フォント
サイズは 30 ポイント以上で」という要望が入ることもあります。フォン
トサイズは、大きければ大きいほどよい。必ずしも厳密な基準がある
わけではありませんが、最低でも 24 ポイント以上、なるべくなら 30 ポ
イント以上とするとよいでしょう。

「押すなよ、絶対に押すなよ」

　熱湯風呂を前に立ちすくむ人が、「押すなよ、絶対に押すなよ」と言っています。ここでは、どういう行動を取るのが正解でしょうか。

> 　A：本人の覚悟が固まるまで、じっと見守る。
> 　B：背中を押して熱湯風呂に突き落とす。

　この場合の正解は「B」、背中を押して熱湯風呂に突き落とすことです。言語学の世界では、これを「**意味と意図のズレ**」と言います。[※2] 押すなよ、という言葉の「意味」は、自分を押してはならない、です。しかし、この言葉の「意図」は、「自分を押せ」なのです。

　この「押すなよ」の元ネタは、ダチョウ倶楽部の故・上島竜兵さんのお笑い芸です。押すなよ、と言われているのに、仲間に押され、熱湯をかぶる。熱湯風呂から必死にはい出てきたと思ったら、カメラを向けられると一言、冷静にシュールにボケる。

　このくだりを知っている人なら、「押すなよ」と言われて、「押さなければならない」ことがわかります。しかし、このくだりを知らない人は、いったい何のことかわかりません。「押すなよ」と言っているのですから、「押さないよ」とやさしく答えてしまうかもしれません。

　もう１問、出題しましょう。今度は、関西ローカルの番組で出題された問題です。[※3] テレビ番組な

※2　川添（2021）。この「意味と意図のズレ」の説明に「押すなよ」を持ってきた川添さんのセンスは見事だと思います。

友人が熱湯風呂を目の前にして、「いいか、押すなよ、絶対に押すなよ」
と言って、逡巡しています。あなたはどうすべきでしょうか？

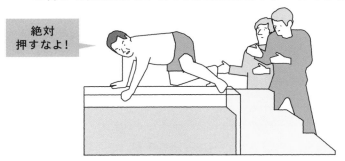

絶対
押すなよ!

ので、多少の誇張もありますし、また、本問題は京都在住の方を揶揄し
たり批判したりする意図ではないことを最初に強調しておきます。

> 京都の知人の家で歓談をしていて、だいぶ時間を過ごしまし
> た。そんな中、知人から掛けられた以下の言葉のうち、本当
> にコーヒーを飲んでよいのは、どの場合でしょうか。
>
> A：コーヒー飲まはりますか？
> B：コーヒーでよろしい？
> C：そない急かんでもコーヒーなど1杯あがっておいきやす。
> D：のど渇きましたね。コーヒーでもどないです？

　正解はBの、「コーヒーでよろしい？」です。一応、番組での解説を
そのまま載せると、Aはお客様を見送るときの挨拶、Bは本当にこちら
の意思を確認していて、Cは「そない急かんでも」の言葉で、急いで帰
り支度してやと促しており、Dも「のど渇きましたね」という言葉がつ

くことで、それとなく撤収を促しているのだそうです。

　難しいですね………。

　これは京都の言葉が難しいという話ではありません。京都のみならずロンドンやウィーンなどの古都では、その地なりの独自の言語コミュニケーションが発達しやすく、こうした「意味と意図のズレ」をはらむ言葉が多数生まれる傾向にあります。たとえば、ロンドン在住の人に"Very interesting idea."と言われても、それは「とても興味深い案だ」ではなく、往々にして「馬鹿馬鹿しい考えだ」を意味するそうです。

　こうしたことは、別に特定の都市、特定のシチュエーションに限った話ではありません。高度に言語コミュニケーションが発達した人間社会では、あえて、本来「意味」していることと違う「意図」を言葉に持たせ、その言葉遊びを楽しんだり、相手に暗黙のメッセージを送ったりしています。中高生が使う「マジでヤベえ」。女性がオジサンに対して使うときの「カワイイ」。アンコール前のミュージシャンが言う「次が最後の曲です」。バトルアニメのクールなキャラクターが、強大な敵を前に言う「なかなか面白くなりそうだな」。林修さんが言う「いつやるの？」。インターネット上での「草」。上司や先生が言う「君、もう家に帰っていいよ」などなど。

　なぜ、こうした意味と意図のズレが起こるのでしょうか。皆さんも、すでにお気づきだと思います。そこに作用しているのは「背景知識」あるいは「文脈」と呼ばれるものです。意味は文脈に依存しませんが、意図は文脈に依存するのです。

　だとすると、この高度な「意味と意図のズレ」を楽しめるのは、文脈を共有している人たちの間のみだということになります。

　この意味で、**プレゼン資料には、「押すなよ、絶対に押すなよ」や「コーヒー飲まはりますか？」は入れないのがベター**なのです。１

※３　MBS『ちちんぷいぷい』2020年３月30日放送。

図表 5-13 意味は意図ではなく、文脈に依存する

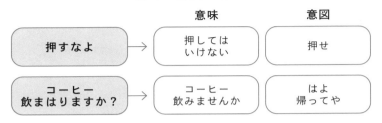

意味と意図は違う

	意味	意図
押すなよ	押しては いけない	押せ
コーヒー 飲まはりますか？	コーヒー 飲みませんか	はよ 帰ってや

そこに作用しているのは「文脈」である。すなわち、
文脈を共有しない人には正しく意図は伝わらない

対1で、文脈を共有している友人同士ならいざ知らず、不特定多数の人を前にプレゼンをするとき、全員がその文脈を共有しているとは考えにくいです。結果として、その「意図」が正しく伝わらず、「意味」で解釈されてしまうことがあります。皮肉を込めて言った"Very interesting idea."（意図：こんなアイディア馬鹿馬鹿しいですよね）が、文字どおりの意味で「このアイディアは面白いですよね」として受け取られてしまうおそれもあるのです。

　意味と意図がズレる言葉は使わない。ネット上の小ネタや、時事ネタなどをちょっと盛り込んだプレゼン資料をつくりたくなるものですが、相手はそれを知らない可能性が高いことを、皆さんはよく心に留めておきましょう。

専門用語、マニア知識を入れない

　「意味と意図のズレ」はおろか、ときには意味すらもわからないことがあります。

　皆さん、「組織ファサード」という言葉の意味をご存じでしょうか。これを読んでいる方のうち、おそらく10人も知らないのではないかと思います。しかし、実は日本の経営学では非常に有名な言葉です。経営学者の坪山雄樹さんによる、学会賞に輝く研究成果です。

　組織はなぜ変われなくなるのか。その1つの理由に、組織としての「タテマエ」（これを組織ファサードと言います）が、都合よく独り歩きし、誰もがタテマエの前にひるんでしまい、問題に触れなくなることがあるからだ、ということを解明したとても大切な研究です。「これは当社の創業精神そのものである」とか「社会のためになすべきことである」といったタテマエが都合よく機能してしまう。すると、みんなその言葉を盾にして、問題にフタをするのです。[※4]

　経営学者界隈では広く知られた概念ですが、一歩外に出れば、組織ファサードなどという言葉はほとんど誰にも知られていません。だとすれば、何の説明もなしに組織ファサードという言葉を使えば、誰もそのプレゼンについていけなくなるのは必然です。

　ですから、最大限、多数の方に聞いていただくプレゼンでは専門用語を使わないことが大切になります。経済、政治、法律の専門的な話をする場合でも、どうやったらそれを
誰に対しても平易に理解してもら

※4　坪山（2011）。

えるかにこそ、プレゼンの際は腐心すべきです。

　近年はアカデミアの世界でも、専門用語をなるべく使わずに、論文や発表をすることが重要だと認識されるようになりつつあります。近年のアカデミアは学説・理論が進化しすぎて、たとえば高名な研究者たちが集まったとしても、お互いの研究分野の用語がわからない、ということすら起こるようになってしまっているからです。専門家同士ですら会話が困難なほどに専門用語が発達している状況を踏まえ、議論を可能とすべく、平易な言葉で標準化する動きがあるのです。

　ときには、界隈で使われる固有のスラングが、人の人生を左右してしまうことだってあります。2022年2月の出来事です。日本で2人目となる、女性プロeスポーツプレイヤーとして活躍していた「たぬかな」さんは、インターネットライブ配信で、オンラインゲーム界隈では「挑戦する資格がない」くらいの意味で使われるスラングとして「人権がない」という言葉を使いました。「（身長が）170ないと、正直人権ないんで」と。

　その場では、身内の人々との軽口のノリで使った言葉でしたが、これが意味と意図のズレの怖さです。文脈が違えば、意図は伝わらず、意味として解釈されてしまいます。結果、彼女は所属するプロeスポーツチームをクビになってしまいます（なお現在、たぬかなさんは著名な配信者として、したたかに活躍をされておられまして、そのめげない生き方はカッコいいなと思います）。

　この事例は、たぬかなさんの人柄や性格が悪いわけでもなく、意図を汲めなかった視聴者が悪いのでもなく、ただ界隈で使われる口汚いスラングを使ってしまったことに問題があります。意味と意図のズレは、ときに人の人生を狂わせることすらあるのです。日頃から、どういう言葉を使うべきかは、よくよく慎重に吟味するようにしましょう。とはいえ、彼女の現在の活躍を思えば、彼女にとっては良い転機だったのかもしれませんが。

08 あなたのボケは 絶対に滑っている

　最後に。リスクを冒さないという意味では、確実に避けられるリスク要因として、「ボケを入れない」というものがあります。残念ながら、あなたのボケは絶対に滑っています。

　あなたも私も、「おもろい人」ではないのです。お笑い芸人さんたちが、並々ならぬ苦労をして、日々相方と練習を繰り返して、そして漫才の最高峰『M−1 グランプリ』の決勝戦に出たとしても、それでもなお、「今のネタは微妙だったな」なんていう評価を受けてしまう。それが「笑いを取る」ということです。

　テレビや YouTube で「おもろい人」を見慣れてしまっているから、私たちは自分でもできる気になってしまいますが、そんな人は日本全体でもわずかで数十人もいないという事実に気がつくべきです。

　「おもろい」というのは、それほどに高度な技能なのです。興味深い、納得できる、共感する、のほうがはるかに簡単です。付け焼き刃な「ここは笑うところですよ」がウケるなどとは思わないほうがよいのです。

　そもそも、「おもろいな」という感情を相手に抱かせることが、プレゼンの目的達成のうえで、果たしていかなる効果を持つでしょうか。場を和ませたり、自分に親しみを持ってもらう方法としては有効でしょう。しかし、説得する、内容を腹落ちしてもらう、という目的においては、ボケる必然性はまったくありません。

　しゃべりで笑いを取れる、偉大な職業人の方々に敬意を込めて。素人がプレゼンで笑いを取りにいくのは、控えるようにしましょう。

COLUMN　会場を支配せよ！

　数十人・数百人を前に行うプレゼンを失敗しないためには、会場を最大限コントロールできる状態にしておくことです。不確実な要素を最小限に抑え、なるべく多くのことを、あなたの自由にできる状態にしておく。そのための秘訣をいくつかお伝えしましょう。

会場には早くに入る

　マイクなどの会場の設備から、当日の人々の雰囲気まで、最大限把握しておく。そのためには、リハーサルの有無にかかわらず、会場にはなるべく早くに入り、会場慣れしておくとよいでしょう。

人に任せない

　どんな会場であっても、その準備として望ましいのは、「自分のPCで、いつものプレゼンテーションソフトウェアを、自分が操作する」状態にすることです。会場備え付けのPCや、誰かのPCを共有しましょうか？　と聞かれたら、Noと答えましょう。

　操作も必ず自分が行う。スタッフが代わりに操作しましょうか？と聞かれたらNoと答えましょう。スライドが変わるたびに「次のスライドに行ってください」と指示をしなくて済みます。

マイクは徹底チェック

　マイク・音響設備は、本当に会場によって条件がバラバラです。必ず本番前に徹底チェックしてください。チェックポイントをお伝えします。

- ・替えのマイクがあるか。
- ・固定か手で持つのか、ピンマイクか。
- ・充電は十分か。
- ・無線は会場のどこまで拾うのか。

第**3**部

第**6**章 ・・

「ストレスフリー」な
資料は聞き手が喜ぶ

　iPhone が従来の携帯電話より秀でているのは？　YouTube が従来のテレビ放送より秀でているのは？　スティック型のダイソンが従来の掃除機よりも売れたのは？　これは、使い手のストレスを減らすことができたからです。

　「ストレスフリー」は、現代社会で成功する製品・サービスの鍵概念です。リモコンのボタンは少ないほうが好まれますし、洋服もオシャレであるよりも面倒が少ないもののほうが売れる時代です。

　プレゼンも同じです。負担が少ないほうが、聞き手は嬉しい。私の見る限り、世の中のプレゼン資料の９割は、詰め込みすぎで、ストレスフルだと思います。「YouTube に出したとして、そのプレゼン、見てもらえますか？」と問えば、おわかりになるはず。ストレスのない資料が、あなたのプレゼンの受容度を大きく高めてくれます！

生理学に基づく
「ストレスフリー」な資料とは

　続いては、視聴者サイドにとって望ましい資料について、話を進めていきましょう。ここでのキーワードは、ストレスフリーです。人間の視聴体験として、ストレスフリーであるということは、その体験の満足度に、非常に強く影響します。

図表6−1 **ストレスフリーにデザインされた製品**

かつての製品開発思想	現代の製品開発思想
どれだけ多くの機能を実現したか	どれだけ人間中心に、使いやすくつくられたか

　近年、皆さんが手にするものはとにかく軽快、ストレスフリーの発想でデザインされています。iPhoneと従来の携帯電話（ガラケー）の勝負を分けたのは、まさにこの軽快さです。数回ボタンを押して、そのたびに数秒間の通信とロードの入るガラケーと、ヌルヌルとかサクサクといった言葉で形容されるiPhoneは、機能の差でも、スペックの差でも、

価格差でもなく、軽快さの差こそが大きな違いなのです。産業界ではこれを「Gain を増やすのではなく Pain を減らす」とか、[※1] ユーザーセンタードデザインなどといった用語を使います。[※2]

かつては、どれだけ多くの便利機能を盛り込めるか、という発想で商品がつくられていましたが、今は基本的な機能がどれだけストレスフリーに使えるかでこそ、消費者は商品を選んでいるのです。

任天堂のハードウェア／ソフトウェア開発の基本思想もストレスフリーです。本書の執筆時点での最新ハードである Nintendo Switch がとても軽快な遊び心地であることは、触ったことのある人ならよくおわかりでしょう。凝った面白さ、高度なゲーム性の前に、任天堂ではあらゆるソフト／ハードの開発において、ストレスがないことが徹底されています。[※3]

掃除ロボットのルンバ、SNS の X（旧ツイッター）や LINE など、皆さんが日常で愛用している製品やサービスは、軒並み、ストレスフリーなものではないでしょうか。

逆に、使っていてストレスフルなものは利用されにくい傾向があります。皆さん、市役所ってあんまり行きたい場所じゃないですよね（笑）。これは、市役所の人々が悪いのではなく、そこで体験する、たくさんの書類を書く、本人確認をする、という体験がどうしても人にはストレスフルだからです（そうした形式にせざるをえない部分があることは、皆さんも理解してあげてください）。

どうしてストレスフリーであることが、それほど大切なのか。そ

※1　アレックスほか（2015）。製品やサービスに求められている要素を、Gain（顧客にとって嬉しいこと）と、Pain（顧客にとって嫌なこと）の2軸で整理することを提唱した、製品開発分野における重要な学術的・実務的前進です。
※2　人間工学の考え方や、誰にとっても使いやすいユニバーサルデザインの思想を取り入れた、人が使いやすいような製品やサービスを設計するための方法のことです（Shackel and Richardson, 1991）。
※3　「サイトウ・アキヒロ先生インタビュー　第2回　あらためて『ゲームニクス』概論」コンピュータエンターテインメント協会ウェブサイト、2019年4月15日（https://www.cesa.or.jp/efforts/interview/researcher/saitou02.html）。サイトウ・アキヒロさんは、長年任天堂のゲーム開発にあたった方で、同社のハードソフトの開発の基本方針をつくられました。

れは、人は常に情報処理をしながら生きているからです。その情報処理量が高まることでストレスになり、それは身体的な疲弊・不快感・不調の要因にもなります。[※4] インプットされる情報量をなるべく少なくすることで、脳には余計な負荷がかからず、身体的な健康も維持され、あなたはその体験を「心地よいレベルの負荷」として楽しむことができるようになるのです。

図表 6 - 2 **過剰な情報はストレスになる**

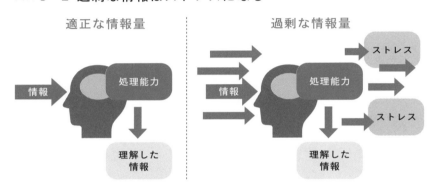

あなたは意識的にも無意識的にも、五感のすべてから常に情報を収集し続けています。脳の情報処理能力は有限であるのに、あなたの五感は、生物的本能として、周囲のすべてから情報を集める。このようにして、余計な情報があればあるほど、脳は疲弊してストレスを溜め、同時にあなたの注意は散漫になってしまうのです。

大会場で、入学試験や資格試験を受けている状況を想定してください。あなたは目の前の問題用紙・解答用紙に集中したい。しかし、それでもいろいろと、あなたは意識を他の事象に向けてしまう。外でサイレンが鳴っているとか、隣の人の息づかいだとか、時間はあとどれくらいだろうとか、足元が寒いなとか、ふと気づけば前の受験者の背中をぽん

やりと見つめていたり……。

　これが、あなたの意識というものの特徴です。さまざまな情報源が周囲にあるとき、程度の差はあれ、人はどうしても注意散漫になってしまうのです。したがって、プレゼンの資料づくりのポイントは、軽快さとなるのです。そして、その軽快さを生み出すためには、なるべく、本論から逸れる余計な情報をインプットさせないことです。

図表 6 - 3　**良くないスライドの例**

　たとえば、図表6-3のようなスライドが、典型的な「良くない例」です。サブタイトルが長いし文字も小さいし頭に入ってこない、中川の姿が気になる、ロゴが気になる、グラフが何なのか、ペイトンって誰？（架空の人物です。）　背景の「冨嶽三十六景」に意味があるのか、中川の後ろの景色も気になり始めた、タイトル背景の幾何学模様に意味はあるのだろうか……。あなたの意識は、いろいろなものに飛び回ったはずです。

　見てほしいのは、資料ではないのです。意識を向けさせるべきは、あなた自身のはずです。

※4　Kataoka et al.（2020）.

背景は真っ白でいい。
色調も1色に統一する

　気が散らないような背景とは、どういうものか。答えは簡単、真っ白にすればよいのです。

　せいぜい、会社のロゴを入れる程度で十分。あるいは、コーポレートカラーで縁取りをしたり、ページタイトルを書くスペースを設けたり。マスコットキャラなども載せないほうがよいでしょう（例外があるため、後述します）。

　つい、見た目が寂しいと感じたり、模様やイラストが美麗だったりカッコよく見えたりするので、背景フォーマットを使いたくなりますが、気を散らせる要因になりますし、情報を書くスペースも減るため、推奨しません。伝えるという意図・目的に沿うものでなければ、それはただの飾りであり、デザインではありません。

図表 6−4 **スライド背景は、せいぜいこれで十分**

　　　　　　　　　　　　　　　　　　　　　　　🌀 やさしいビジネススクール

なお、画面は真っ白が望ましいのには、色弱の方への対応という側面もあります。色弱とは、先天的に、色の見え方が違うことを指します。日本では男性の20人に1人、女性は500人に1人が色弱です。ある程度の規模の会場でプレゼンをするとき、その中に1人程度は色弱の方がいらっしゃると考えたほうがよいでしょう。

　色弱の方の場合、水色背景に緑文字や、ピンク背景に黄色文字などの取り合わせだと、文字が読めない場合があります。また、色弱でないとしても、見えづらい画面だな、というのは直感的にわかるはずです。素人には、望ましい色の対比関係などはわかりません。そのカラーパターンの勉強をして、頑張って多色使いをしようとするよりも、誰にでも判読可能である白地に黒文字で統一するほうが、生産的でしょう。

　濃紺などの濃い色に白文字の取り合わせも、1つの正解です。画面が明るくなりすぎて、目が疲れると感じられた方は、反転して背景を濃い色、文字を白にするとよいでしょう。ただし、この場合は図などの掲載時に、細い線までが黒字背景の中でしっかり視認できるようにする必要があります。

　また、資料に使うカラーは、赤、青、緑などと使うのではなく、同系色で統一したほうがシュッとまとまることが経験的に知られています。同系色のグラデーションで描き分ける。多様な色使いをすると、その色にどういう意味があるのかと考えてしまったり、画面のごちゃつきから、頭に入りにくくもなるのです。

　ただし、例外もあります。その1つ目は、視覚的に楽しませたいときです。あえて、気分を1つのことに集中させない。さまざまな方向に目線を向けさせ、画面全体からさまざまなものを感じ取ってもらいたいとき。テレビ番組などが背景セットをド派手にするのは、このためです。視界を飽きさせず、いろいろ眺めながらぼんやり頭を緩やかに使わせることで、視聴継続をさせようとしているのです。

私が投稿しているYouTubeなども、実はこの点では基本原則から外れていて、目をちょっとだけ楽しませるために、カラーバリエーションを使った資料にしています。逆に、コンサル資料や社内資料は、落ち着いた１色のグラデーションづくりをしたほうが、評価は高まるはずです。

　例外の２つ目は、あえて、メインメッセージ以外に強く印象づけたいことがあるときです。会社や自治体の新しいロゴを見せたいときや、マスコットキャラを周知させたいとき、創業○○周年や、慈善活動の啓発、被災地や戦地へのメッセージなど。プレゼンの中心コンテンツ以外で皆さんに知ってもらいたいことがある場合には、それをワンポイントで取り合わせて、そちらに意識を向けてもらうのもアリです。

スライド内の文字は
最低限にする

　人は五感から情報を取り入れる。これが意味することは、視覚と聴覚の両方から同じ情報を入れても、ストレートに言って無駄だということです。つまり、プレゼン資料には、文章は書かない。文字は少なければ少ないほどよいのです。

　プレゼン資料に「これからの日本の景気はゆるやかに回復していくだろう。その理由は……」と、みっちり書いてありながら、しゃべり言葉でも「これからの日本の景気はゆるやかに回復していくだろう。その理由は……」と、くどくどと同じ内容をしゃべったとすれば、聞き手は飽きるだけです。図表6−5のようにイラストにすると、それがいかに滑稽なことなのかが、おわかりいただけるはずです。

図表 6−5　視覚情報と聴覚情報の重複は滑稽に映ってしまう

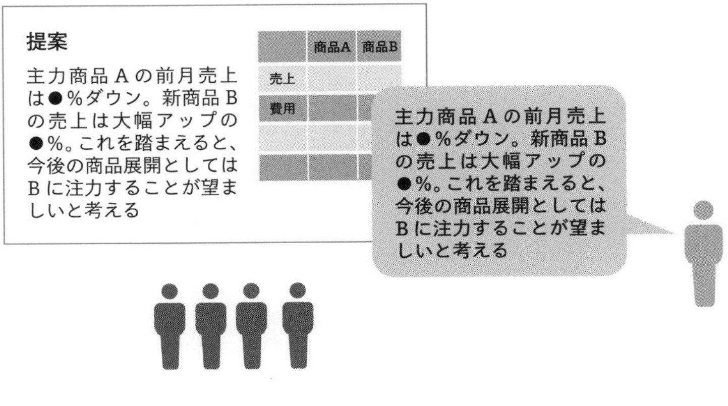

そうならないために、**資料を「読み原稿」にしないという鉄則を守る**ことです。資料は資料なのです。あなたのプレゼンを補佐する参考資料であり、読み原稿ではない。この当たり前を、きちんと守ること。投影された画面を見ながら、声に出して読まれる方がおられますが、それは聞き手が心の中ですることであって、話し手の方がすることではありません。ちなみに、第7章03でお話ししますが、そもそも読み原稿がないほうが人には伝わりやすいことを、先取りしてお伝えしておきます。

　資料を読み原稿にしないためのコツは、資料ができあがったら一度「読んでみる」ことです。そして、**もしそのページが、ある程度の長さの文章として読めてしまったら、その文章を削除し、要点だけのキーワードや、シンプルな1文に落とし込む**。人は文章で考えます。資料をつくっているときは、どうしても頭の中には文章が浮かんでくる。ですから、慣れないうちはどうしてもその文章がそのまま資料に書かれがちなのです。

　頭に浮かんだその文章をぐっと飲み込んで、本番であなたの口から話してください。資料には、あくまで語りたい文章を補佐するファクトやデータ、キーワード、せいぜい短文程度のものだけを配置しておくのです。

04 人の視線の移動の 法則を知っておく

まずは、何も考えずに以下の図を見てください。

図表6-6 **視線の誘導**

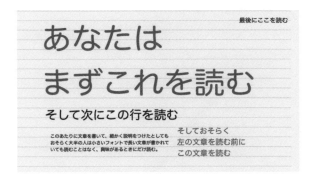

インターネットの海に、ある日突然登場した、出所不明の優れた図案がこちらです。あなたはまんまと、ここに書かれているとおりに、文章を読んだのではないでしょうか。スライド資料における人間の視線の動きというものを、的確に表現している、すさまじい資料です。私も必死に出所を探したのですが、どうしても見つかりませんでした。皆さんが元ネタを知らずに引用して使っていて、そのたびにバズっている資料で、もはやオリジナルが誰の手によるものなのか誰も知りません。

ともあれ、軽快なスライド視聴体験のためには、この視線の法則性も知っておくとよいでしょう。活版印刷技術を発明した、かのグーテンベ

ルクが提唱した概念で、グーテンベルクダイヤグラムと呼ばれます。

　街中の看板広告や、電車内の広告などを想定したとき、視線は左上か
ら、右下へと移動していく。左下の空間はあまり読まれず、そして右上
の領域はめったに読まれない。この法則性に則り、自然な視線誘導で、
必要な情報にアクセスできるようにレイアウトすることでも、視覚的な
軽快を実現することができます。科学的に検証されているわけではあり
ませんが（時と場合によるため）、デザイナーなどの職種においては、資料
づくりの経験則として知られています。

図表６−７　グーテンベルクダイヤグラム

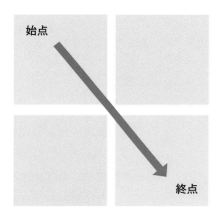

人の視点は左上から
中央を通って右下に移動する

スライド間の
つながりの糸を描かない

　第3章02でも触れましたが、人間など、本当にごく少数の高等知能生物だけが保有している脳の機能に、エピソード記憶というものがあります。経験した出来事を、一連のストーリーとして理解する脳の働きであり、そうして獲得した「物事の時間的・空間的なつながりを伴う記憶」のことです。

　大半の生物はエピソード記憶を持ちえておらず、人間以外では、鳥類や高等な哺乳類だけが持つとされています。多くの生物は、対象を「これはリンゴである」「これは食べられる」ということを記憶することはできるものの、「あそこの森に行くとリンゴが食べられる」という、ストーリーのある体験として記憶することができないのです。※5

　これこそが、私たちが進化の過程で手にした力であり、人類が他の生物種よりも発展できた要因の1つなのです。私たちは、種をまき、水をやると穀物が育ち、それを収穫すると安定的に食事を得られる、という非常に高度なストーリーを理解し、また、言語を通じて他人に伝えることができる。これができるかできないかが、生物の繁栄に大きな影響を及ぼすことは、皆さんも容易に理解できるはずです。

　人は、物事をストーリーで理解する生物なのです。記憶の種類には、大きく分けて、「意味記憶」（それが何であるか）、「手続き記憶」（どうやればよいか）、そして「エピソード記憶」（どういう体験だったか）という記憶がありました。この中でも、人という種に特徴的で、私たちが物事

※5　前野（2006）。

図表 6-8 人の脳はストーリーで物事を理解する

意味記憶	手続き記憶	エピソード記憶
それが何で あるかの記憶	どうやれば よいかの記憶	どういう体験 だったかの記憶

情動を伴い、したがってドーパミンなどの分泌を伴う。脳の多様な部分がつながり合う(ニュートラルカップリング)。結果、記憶に残りやすい

を深く考えることができる理由ともなるのが、物事をつながり合ったエピソードとして記憶する機能です。単独の事物としてではなく、それが存在する時間・空間上の文脈として理解する。そこに一切のエピソードが提示されなくとも、人は自分の中で意味が通るように、勝手にストーリーをつくることで、飛び込んできた無数の情報を整理し、理解するのです。

　あなたが家に帰ってくると、机の上に自分が置いた覚えのないリンゴがあります。皆さんは、それを単に「リンゴがあるな」とは理解しないでしょう。家族と住んでいれば、「母が買ってきたのかな、夕飯のデザートにするのかな、弟が好きなんだよな」などと文脈を補いますし、1人暮らしであれば、即座にヒヤリとした感覚とともに「誰かが部屋に入ったのか?」と緊張を覚えるはずです。このように、エピソードとして思考することが可能であるため、あなたは上手にこの社会で生きていけるのです。

図表 6-9 机に1つ置かれているリンゴを
単に「リンゴがそこにある」とは認識しない

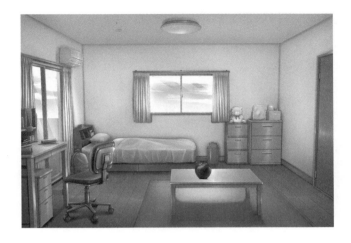

　私の言いたいことは、伝わりましたか？

　スライド間のつながりや、プレゼン全体のストーリーなんて、聞き手に勝手に解釈させておけばよいのです。こういうストーリーで話しているのですという論理の糸を、話し手がことさらに強調しなくとも、聞き手は話の流れを追ってくれているからです。

　たとえば、どうしてここで、突然リンゴの話が出てくるのか？　皆さんは、そんな疑問をまったく抱かなかったのではないでしょうか。実は私は、リンゴの話が必要になる理由を、意識的に前後で一切語らないようにしていました。けれども、あなたは今、きちんとストーリーを追えていることでしょう。

　しかるべき情報が、正しい順番で提示されている分には、話し手／書き手がことさらにストーリーを強調しなくとも、聞き手／読み手はストーリーを追えるのです。あなたの好きな小説やマンガ、アニメ、映画を思い出してみてください。詳細なストーリーの説明もなしに、すんな

り読めて（見られて）いるはずです。

　下手な作家は、ストーリーをキャラクターにしゃべらせたりして、話のテンポを悪くしています。上手な作家は、印象的な絵やセリフで、すべてを語らずとも何が起こったかを視聴者に伝えています。ストーリーのテンポが悪いとはつまり、読者がちゃんと追えているストーリーをわざわざ語ってしまっているからなのです。読者は、新しい情報のインプットがなく、時間を無駄にしている感覚を覚えているということです。「軽快さ」の真逆なのです。

　もちろん、人々がストーリーをきちんと追えるかは、あなたがストーリーのある構成・内容をつくれているかが大前提となります。第4章まででお伝えしてきたプレゼンの構成・内容は、しっかり構築する。ストーリーラインそのものがプレゼンにきちんと存在しているならば、わざわざ、その論理の糸をくっきり強調させようとしなくともよい、ということです。

- いきなりここでグラフを出して、みんながその意味を理解してくれるかな？
- この写真で伝えたいことが、わかってくれるかな？
- 自分がこのアイディアに賛成なのか反対なのか、みんなは理解してくれるかな？

　何も心配いりません。話し手が思っている以上に、聞き手はストーリーをつくりながら、あなたの話を理解しようとしてくれています。その文脈の中で、なぜこのグラフが出てきたのか、この写真は何を伝えたいのか、そして、あなたの意見が結局は賛成なのか反対なのかは、ちゃんと伝わっています。

　ちなみに、同じ理由で、**接続詞をスライドに書かない**ことも有効なテ

クニックとなります。「しかし」「だから」「ところで」「あるいは」などと、皆さんは書きたくなるのではないかと思います。接続詞、それはまさに「論理の糸」です。人が真っ先に補って読むのが接続詞です。放っておいても「しかし」なのか「だから」なのかは、聞き手は勝手に理解するのです。

逆に接続詞をつけることで、聞き手が混乱したり、余計な議論を生むことすらあります。あなたが「しかし」から書き出したスライドでも、聞き手は「だから」の文脈で受け止めることもあるのです。自分が思っていた文脈とは違うとなると、そこから理解が追いつかなくなってしまったりするのです。

もう一度、強調します。**スライド間のつながりや、プレゼン全体のストーリーなんて、聞き手に勝手に解釈させておけばよいのです**。10人いれば10人の、細かなストーリー解釈の違いがあります。無理やり話し手のストーリーに沿わせようなどと、しなくてもよいのです。聞き手が自由にストーリーをつくる余地を、与えてあげるようにしましょう。

図表6-10 **名作の共通点**

名作と呼ばれる創作作品では、
十分な背景ストーリーが語られることはほとんどない
（けれども、理解できるのが名作たるゆえん）

となりのトトロ
機動戦士ガンダム
新世紀エヴァンゲリオン
スター・ウォーズ
ドラゴンボール
鬼滅の刃
…

スライドは、
しゃべり1〜3分に対して1枚

　その人のプレゼンスタイルにもよるので、そこまで厳しくは枚数の縛りを設けるつもりはありませんが、人の視聴体験としては、1枚のスライドで1〜3分が経験則的に妥当とされます。それより短いと情報を処理しきれません。一方、どれだけ情報が詰め込まれていたとしても、1〜2分もあれば静止画から得られる情報はすべて読み取ることができます。読み取ってしまった感に、視聴者はいら立ちを覚え始めます。視聴中の人間は、好奇心、情報への進取性が高まっているからこそ、新しい情報を与えてもらえないことを、ストレスに感じ始めるのです。

　ですから、情報の処理が十分に追いついて、次に進まないイライラ感がない最適時間は、1〜3分程度。15分のプレゼンなら表紙を入れても8〜10枚くらい。1時間のプレゼンでも20〜30枚程度が妥当となります。それを超えるようだと、時間が足りなくなり、それより短いと、とにかく見ていてストレスフルになります。

　スライド枚数の多さは、端的にあなたの思考がまとまっているかどうかのバロメーターでもあります。枚数の多さは、論理の混乱、要点が絞れていない、不要な情報の多さ、を意味しています。私が参加した経営学の国際学会などでは、発表のクオリティを安定化させるために、枚数縛りをする学会もありました。

　これは、みんなが母語ではない英語で会話をするための工夫でもあります。1枚のスライドで話し込んだり、逆にスライドを進めるスピードが速すぎると、ネイティブのプレゼンは非ネイティブにはわかりにく

く、非ネイティブのプレゼンはネイティブにわかりにくくなるのです。そうしたミスコミュニケーションを防ぐため、枚数や時間を縛り、発表を要点だけにしてテンポをよくすることをめざしていたのです。長年の国際学会の経験則が、よく生かされているなと思います。

　国際学会では、私も若かりし日は、こんな少ない枚数では語り切れないと思っていたものですが、何度も経験するうちに、これが「わかりやすいプレゼンの要諦なのだ」と、理解を正しました。それまでの私のプレゼンは、余計な情報が多すぎだったのです。

　文脈を共有し、顔見知りで、皆が同じ日本語で話す国内学会のコミュニティでは、長々としゃべるのもその人のキャラクターであったり、膨大な情報を盛り込んでも受け止めてくれるのですが、文化も言語も違う海外ではそうもいきません。それは、本当は国内だって同じことのはずです。文化文脈を共有せず、顔見知りでもない人に伝えるならば、ミスコミュニケーションを避けるための最大の工夫は、「伝えるべき情報を絞り込む」ことなのです。

　本書の付録に、私のプレゼン資料を3パターンほど用意しましたので、参考にしてみてください。言葉も最小限、背景も最小限、スライド枚数も最小限に構築するというのが、どういうことなのか。語るよりも、見ていただいたほうが早いですね。

資料づくりのまとめ
KISSの原則を満たすこと

　第5章から2つの章にまたがって進めてきましたが、以上が、資料づくりの戦術論です。要するに、とにかく簡潔に、誰にでもわかるようにつくるべし、ということ。これは、あらゆる人工設計物に通じる、KISS の原則と呼ばれるものです。

> KISS の原則＝ Keep It Simple Stupid.

　戦闘機や民間航空機の開発を行っていた、ロッキード社・スカンクワークス部門の伝説的エンジニア、ケリー・ジョンソンの言葉です。1950 ～ 60 年代頃の言葉とされますが、当初は「Keep it simple, Stupid ！（単純にしておけ、この間抜け！）」だったとされます。当時の航空機づくりの現場の空気感をよく伝える言葉ですが、その後、本人が発言を訂正し、「Keep it simple stupid」、すなわち「（設計は）シンプルかつ素朴にしておきなさい」と改められました。

　戦闘機やロケットのような複雑なモノから、ソフトウェアや業務手順に至るまで人がつくるものの設計は、なるべく簡単で、誰もがわかるほうがいい。複雑になるほどにエラーが多発し、整備性が下がり、改善や更新も難しくなる。ユーザーにとっても使いにくい。シンプルでわかりやすいことが、良い設計の条件なのです。

　プレゼン資料も同様です。複雑な仕組み、難しい論理、動作の重い仕掛け、一部の人にしかわからないネタ、長くてわかりにくい文章……。

それら一切を省いていったとき、話し手にとっては使い勝手が良く、聞き手には納得感が高く、いつでも安定したパフォーマンスを発揮する、良い資料になるのです。

　プレゼンのデザインに迷ったら、KISSの原則に立ち返る。余計なものは、削ぎ落としていく。結果、聞き手は、あなた自身のしゃべりにこそ集中してくれるようになるのです。

　だとすれば、次なるポイントは、「しゃべり」を魅力的にする方法ですね。次章では、「しゃべりの戦術論」を展開していくことにしましょう。

図表6-11 Keep It Simple Stupid!

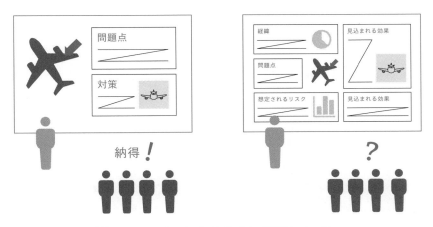

誰にとっても、わかりやすい資料とすべし

フェアユース著作権のある
画像の使用について

　資料づくりで困ってしまうことの１つが、画像の権利です。従来、著作権のある画像については一様・一律に「使ってはいけない」でした。しかし、ゲーム実況や二次創作イラスト、あるいは、私のような解説チャンネルでの使用を可能とするため、新しいルールが整備されています。それが「フェアユース（fair use）」です。

　フェアユースとは、権利者の利益を害さない限りにおいて、著作権者から許可を得なくても、著作物を再利用できることを示した法原理です。ネット社会では、これを認めないことには権利者・使用者双方が煩雑になることから、ルールが少しずつ整備されてきました。

- 権利者が利用規定を定めているものについては、そのルールに従って著作物を利用する。
- 権利者が利用規定を定めていないものについて、権利者の利益を害さない（作品の複製、ネタバレ、誹謗中傷、悪質コラージュなど）範囲で、商用・非商用を問わず利用を可能とする。
- 権利者が利用規定を定めておらず、かつ権利者の利益と衝突するが、公共的政策実現のために使われる場合は利用可能となる。具体的には、公教育での利用、報道利用、障碍者福祉、アーカイブなど。

　フェアユースの線引きは、今後も議論の中で変わっていく可能性が高いです。著作権の学習は現代社会の基本事項だと考え、しっかりルールを学びつつも、皆さんが想定しているよりも今一歩自由に画像を使ってもよい、ということを知っておきましょう。

第 7 章

科学的に
上手な「話し方」

　しゃべりなんて、いくらでも良くなるのです。しゃべることも身体運動であり、ボール投げやピアノ演奏と同じなのです。練習をすれば、上手くなるし、練習しなければ、上手くなりません。

　著名なアナウンサーや俳優、政治家で、吃音症だった方も多くいます。そうした自分の身体的特徴を理解し、数多の場数を踏み、工夫を凝らして、話す技術を磨き、身を立てたのです。

　「できっこないもの」にするのをやめましょう。理屈を知り、練習をすれば、誰でも必ずできるようになるもの。そういうものとして、すべての人に、心を込めて、しゃべりの技術をお伝えします。

「しゃべり」は練習の産物

　本章では、プレゼンの「しゃべり」が、上手くなるためのポイントを大放出していきます。

　実際のところ、しゃべりというものは、練習を通じて上手くなるものです。しゃべることも、文字を書く、ピアノを弾く、ダンスをする、クルマを運転する、ボールを投げるといった行為と同じように、脳の働きを通じて、身体の器官を操作することです。脳の運動野から動作指示が出て、それを自らの身体が実行する。その反応を感覚受容器で収集し、体性感覚野で総合的な経験として理解する。人は、このサイクルの中で、上手な身体の使い方を学習していきます。しゃべるという行為についても、意図したようにしゃべることができたか、その結果はどうだったか、という脳と身体の学習サイクルの中で、次第に磨かれていくのです。

　もちろん、先天的にしゃべることが上手な人もいれば、苦手な人もいます。吃音症の方もいらっしゃるでしょう。ですが、その初期時点の差こそあれ、自らの身体的特徴を理解し、現在のしゃべりの結果を吟味しつつ適正な改善努力をしていけば、誰でも必ず「前よりも上手くなれる」ものなのです。

　たとえば、人気パーソナリティであった小倉智昭さんも、昭和の偉大な政治家・田中角栄さんも吃音症だったそうです。米国のバイデン大統領も吃音症だそうですし、ハリウッド俳優のブルース・ウィリスも吃音症です。

図表7-1 「しゃべり」は脳と身体の学習サイクルの中で磨かれる

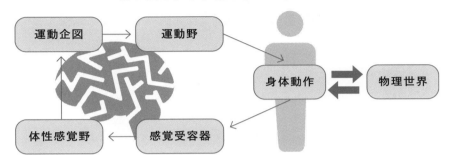

「しゃべり」を含むすべての運動は脳と身体の連動
繰り返される学習の中で上手くなる

運動企図 → 運動野

身体動作 ⇄ 物理世界

体性感覚野 ← 感覚受容器

　彼らは皆、自分の身体的特性を理解したうえで、どうやったら上手に話ができるか、練習をし、工夫を積み重ねて、自分なりの表現技術を磨いていきました。繰り返しますが、しゃべりは脳を働かせて身体器官を操作することですから、練習の積み重ねで、必ず前よりも上手になれるのです。最初から泳げる人はいませんし、最初からピアノが弾ける人もいません。しゃべりも同じこと。練習の産物です。

　まずは、この点を踏まえたうえで、皆さんには、「科学的に正しい方向」で、練習をしていただきたいと思います。しゃべるという行為の特性上、誤った方向へのがむしゃらな努力は、人前で恥をかくことにつながり、ひいてはしゃべることが嫌いになってしまいます。それだけは避けなければいけません。正しいしゃべり方を知ったうえで、練習をする。このような観点から、本章では「良いしゃべり方」の実現方法を、じっくり説明していきます。

人は見た目が9割

　まずは、しゃべりとは何なのか、ということを定義しておきましょう。しゃべりが苦手だと感じている人は、ひょっとしたら「しゃべる」とはどういうことかを勘違いしているかもしれないからです。その逆に、自分は上手いと思っている人もまた、しゃべりについて勘違いをしている可能性もあります。めざすべきゴールをはっきりさせるために、しゃべり――言語的コミュニケーション（verbal communication）とは何かを明確にしておきたいと思います。

　『人は見た目が9割』[※1]という本をご存じでしょうか。『○○が9割』のタイトルを冠する本は俗に「9割本」と呼ばれ、その断言ぶりのインパクトが人の興味を引きやすいことから、ヒットになりやすいのだそうです（この本も『成功はプレゼンが9割』にすればよかったかもしれません）。何はともあれ、まずは目立つことが、経済的成果につながるということです（実はそこにも科学原理があり、アテンションエコノミーなどと呼ばれたりもしますが、それは完全に横道なので、興味のある方は脚注をご覧ください）。[※2]

　とはいえ、この9割本の元祖たる『人は見た目が9割』には、それなりの科学的エビデンスがあるのです。これを「メラビアンの法則」といいます。[※3]米国の心理学者アルバート・メラビアンは、言語的コミュニケーションが行われたときに、非言語的要素はどれくらいの影響力を持っているのかを分析しました。

　彼の実験では、言語情報に対して、矛盾する内容を意味する非言語的

図表7-2 メラビアンの法則とは？

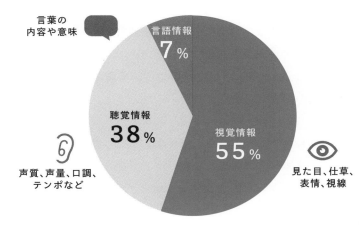

言葉の
内容や意味

言語情報
7%

聴覚情報
38%

声質、声量、口調、
テンポなど

視覚情報
55%

見た目、仕草、
表情、視線

出所：マレービアン（1986）をもとに作成。

情報（態度、身振り手振り、声のトーンなど）が与えられたとき、聞き手は
どの情報をどのくらい信用するかが分析されました。すなわち、怒りの
言葉を、親愛のトーンと身振りで発したり、その逆に親愛の言葉を怒り
のトーンと身振りで発されたとき、人はどうそれを受け止めるのか。

　その結果は、衝撃的なものでした。言語情報のほうはわずかに7％し
か判断材料にされず、声のトーンや口調が38％、そして身振り手振り
などの態度が判断材料とされる割合は最も高く、55％となったのです。
言語的コミュニケーションが行わ
れるとき、人は話し言葉以上に、
話し手の様子から受ける印象のほ
うを重視していた。この結果を、
キャッチーな本のタイトルに落と
し込んだのが、『人は見た目が9
割』なのです。

※1　竹内（2005）。
※2　人間が注意（attention）を向けられる対象は有限で
あるため、情報に満ちあふれた社会においては、その注意
をひきつけられるかどうかが、情報自体の質よりもまず求
められることになる、とする仮説です。まさに、「悪名
は無名に勝る」。タレントやインフルエンサーが極端な
言葉で断言したり、あえて炎上をねらうのもこのためで
す。ノーベル経済学賞を受賞したハーバート・サイモンに
よって1970年代に予言されていました（Simon, 1971）。
※3　マレービアン（1986）。

言語のパワーが、常に全体の７％、というわけではありません。メラビアンの実験で分析対象としたのは、好意か敵意かについてだけです。より複雑な情報については、言語的情報の役割はもう少し高まるでしょう。とはいえ、ここで大切なことは、９割なのかどうかということではなく、「言語的コミュニケーションにおいては、非言語的コミュニケーションの果たす役割がかなり大きい」ということです。

　しゃべりとはすなわち、トーンや身振りも含めた、コミュニケーション上における「あなたのすべて」なのです。しゃべりの上手さとは、誤りのない、整った文章を、聞き取りやすい声で話せることではないのです。冗談を織り交ぜながら、面白く話せることでもありません。ノンバーバル（声のトーンや口調、見た目、仕草）を総合的に用いて、あなたという人格・人物を総体として相手に受け入れてもらうことが、しゃべりが上手いということなのです。

- 上手にしゃべろうとしなくてよい。正しい言葉を正しく話そうとしても、コミュニケーションにおいては効果的ではない。
- しゃべっているときの、そのしゃべり方や、動作までを含めた、あなたの総合的なあり方をこそ整える。

　この基本をしっかり押さえ、誤った努力・工夫をしなければ、あなたのしゃべりは必ず上達していきます！

03

絶対に原稿を読まない

　若かりし日に、私も派手に失敗したことがあります。

　まだ博士課程の学生だったときの話です。人生で初めて、国際カンファレンスで英語による発表をすることになりました。人生で、英語で発表したことなど一度もありません。発表時間も30分と長かったですし、自分の小難しい研究を発表しようとしていたので、悩んだ私は1カ月近い時間をかけて、ばっちり原稿を作成したのです。そして、当日はひたすらそれを読み上げました。

　結果は散々なものでした。着慣れないスーツを着て、うつむきこんで原稿を見ながら、たどたどしくしゃべる半人前な若造の姿がそこにはあったと思います。背を丸めて立ちつくし、ずっと原稿だけを見て、ただ所定の内容を読み上げているだけ。当日の夜の懇親会では、著名な先生方から「あれではいかん」と、熱いご指導をいただいたことも、いまだに鮮明に蘇ります。

　この経験があってから、私は原稿を読むのをやめました。それから十数年。場数もこなし、しゃべるということの理論理屈も理解した今では、**絶対に原稿を読み上げてはいけない**、ということを確固たる信念としています。

　原稿を読むことの是非について、科学技術の英語コミュニケーションを研究されていた小野義正さんが、「原稿読むな」派の主張と「原稿読め」派の主張という形で、既存の議論をよくまとめてくださっているので、ここで紹介したいと思います（図表7-3）。[※4] 小野さんは日立製作所

で電子デバイスの技術開発にあたる中で、高度に技術的な内容を英語で発表する困難性から、科学技術の国際コミュニケーションの研究でも足跡を残されました。

図表７－３　原稿を読むことの是非

「原稿つくるな」側の主張

「書いた文章が口頭発表に適するはずがないだろ」
「アイコンタクトとかが減るだろ」
「話にリズム感や抑揚がなくなるだろ」
「聴衆がどんな感じか感じ取れなくなるだろ」
「権威者としての威信が出せないだろ」

「原稿つくれ」側の主張

「言い間違っちゃダメだろ」
「重要なポイントを逃すだろ」
「時間が狂うだろ」
「配分がアンバランスになるだろ」
「言葉が出ず立往生するかもしれないだろ」
「乱雑な表現を使ってしまうかもしれないだろ」

出所：小野（2004）をもとに作成。

　小野さんの整理による双方の主張はごもっともです。どちらにも理があります。原稿を手放せば、身振りやアイコンタクトなどの非言語的要素を存分に使って説得できる。一方、原稿を使えば、きっちりと時間管理をしながら、要点を外さず、正しい言葉で伝えることができる。このジレンマをどうやって解決すればよいのでしょうか？

　小野さんがこの問題に出した結論は、①言葉に活力を与えることがきわめて重要であることを考慮すれば、理想的には原稿は読むべきではない。②それでも、要点を落とす心配を減らし、時間管理を適正に行いたいならば、簡単なメモ程度のものを手元に用意し、時折メモに目を落としながらも、基本的には聞き手のほうを向き、相手に話しかけるようにして語る、というものです。熟達者となれば、もはや原稿など一切使わ

ないほうがよい。不安がある場合は、小さなメモ程度のものだけを手元に置くのです。

図表7-4 初心者は手元にキーポイントメモを置くのが正解とされる

メラビアンの法則を踏まえれば、原稿を読み上げるスタイルでは相手に伝わらないことは、皆さんはもうおわかりだと思います。原稿を読むスタイルを採用したとき、あなたの脳は、言語情報を正しく伝えることに集中してしまう。声のトーンや話しぶり、身振りといったものをすべて犠牲にしてしまう。ですから、原稿読みはプレゼンでは絶対に避ける、せいぜいメモ1枚を手元に用意する程度にすべきです。

※4 小野（2004）。

使う言葉が、あなたの社会的役割を特定させる

　問題です。以下の言葉は、どういう人物が発した言葉でしょうか。人物像をイメージしてください。

　第1問「ワシはまだまだ元気じゃよ」

　第2問「ここから先へは行かせねーズラ」

　第3問「では、お紅茶をお飲みになられればよろしいのでなくて？」

　第4問「都会は、やっぱすげえなあ。

　　　　　おら、こんなもの初めて見ただよ」

　第5問「フッ…笑止な。貴公、どこから来た？」

　これらのセリフには、元ネタは一切ありません。というより、あえて、皆さんがキャラクターを特定できないようなセリフを用意してみたのですが、それにもかかわらず、皆さんの頭の中には漫画・アニメ調のキャラクターイメージが浮かんだのではないでしょうか。

　第1問……おじいさん

　第2問……クセの強そうな男性とか、怪物・妖怪

　第3問……お嬢様

　第4問……昔話に出てくる素朴そうな農民

　第5問……筋骨隆々な男性の戦士

もし皆さんが本物のお嬢様に会ったとして、その人はあなたに「お紅茶をお飲みに」などと勧めたりはしてこないでしょう。皆さんがリアルで「〜ズラ」という言葉を聞くこともおそらくないでしょうし、「笑止な」「貴公」などという言葉も、人生の中で一度でも使うチャンスはおそらくないでしょう。

　フィクション作品、特に日本語の作品においては、言葉遣いによってその人物的特徴が記号的に表現されるという重大な事実に最初に気がついたのは、小説家の清水義範さんでした。その後、日本語学者の金水敏さんがこれを学術的に定義・分析し、そうした人物特徴を表す言葉遣いに「役割語」の名を与えました。※5

　日本語は、同じ意味として使える言葉が、他の言語に比べて圧倒的に多く存在します。それゆえに私たちは、フィクションにせよリアルにせよ、どういう言葉を使うかでその人物像を推定するのです。

　ダメ押しですが、プレゼンの場を想定して、使われている言葉から人物像をイメージしてみましょう。ビジネスの重要な問題が議題とされている会議室の中、数十人の聞き手の前で、人が話す様子を思い浮かべてください。

「このスキームではステークホルダーのコンセンサスが得られません。ユニットエコノミクスもバランスしませんから、インプリはマクロ経済環境に応じたディペンズオンではないかと思います」

　たぶん、この人はコンサルタントか、あるいはコンサル出身の人ですかね（笑）。スーツをビシッと着た男性の姿が目に浮かびます。皆さんが、どこからそれを察するのかといえば、なんだか意味のわからない、普段使わないカタカナ言葉の連発からでしょう。こんなふうに、私たち

※5　金水（2014）。

は敏感に、相手の言葉遣いから出自を探っているのです。

　では、こちらはどうでしょうか。状況設定は同じです。

「こんな座組みじゃあ、誰も納得しないっしょ。しかも儲かんないんでしょ。まあ、景気が良くなればやってみるのもいいけど、オレならやらないね」

　最初の「このスキーム〜」と、言葉の意味はだいたい同じですが、こちらのもっとぞんざいで直接的な言葉を聞いたならば、皆さんはこの人物を、成長著しいITベンチャー企業の若い、あるいはミドルエイジの社長かな？　などと思ったのではないかと思います。前澤友作さんとか、堀江貴文さんのような人が思い浮かんだのではないでしょうか。

　では最後に、こちらはどうですか。状況設定はこれまでと同じです。

「このような役割分担でしたら、関係者の方々の理解を取りつけるのには困難が伴うのではないかと存じます。黒字化も難しいとお見受けいたしましたので、実行計画を開始する前には、国内経済情勢も勘案しながら、今一度ご検討いただくほうがよろしいかと存じます」

　こう話されたら、この人はたぶんお役所から来られた方かな？　銀行の人かな？　なんて、皆さんは思うはずです。

　いかがでしょうか。皆さんも、使う言葉の大切さが理解できたのではないでしょうか。聞き手は、話し手が使っている言葉から、その人物についてイメージを固めるのです。「役割語」というものが、フィクションの世界のみならず、私たちの日常のコミュニケーションでかなり広く活用されていることが見えてくるかと思います。面白いもので、ギャルになればギャルっぽい言葉を使おうとしますし、ママになればママの言

葉遣いをする。私たちはそうして、自分たちのアイデンティティを使う言葉に込めるのです。

　プレゼンの場では、あなたがどういう人物なのか、聞き手に正しく特定してもらうためにこそ、言葉遣いを選択すべきです。とりわけ、プレゼンは相手を説得するために行うものなのですから、相手が快く受け入れてくれるような役割認定をするべきです。良い人だな、信頼できそうだな、詳しそうだな、経験豊富そうだな……。それらを、使う言葉によって、相手に知らしめるのです。

　しかし、あなたがそれ以上に注意すべきことは、言葉遣いによって不必要な役割認定を受けないようにすることです。下品だな、偏見があるな、過度に攻撃的だな、横柄だな、極端だな、腹黒さを感じるな……。そんな相手からの評価を下げるような言葉遣いを、あえてする必要など、何一つないのです。

　特に難しいことは何もありません。差別用語を使ったり、馬鹿だの阿呆だのといった悪口を言ったり、威圧的な態度であったりということには、何のメリットもないのです。そしてまた、変に崩した表現を使ったり、ネットスラングを使ったりというのも、メリットよりもデメリットのほうが大きいので、やめておきましょう。

　変に崩しもせず、高度な専門用語なども使わず、丁寧な言葉で相手にわかるように伝える。すると、自然とあなたのこれまでのキャリアが言葉に乗り移って、相手はあなたを正しく役割認定してくれます。平易に話そうとする言葉の端々に、あなたのいる業界の用語や言い回しが無意識のうちに出てきます。そんな様子を見て、聞き手は、「専門的な業界から来た人が、最大限誰にでもわかろうと話してくれている」と、あなたを役割認定してくれるのです。

プレゼンを「対話」にする

　人の愚痴をさんざん聞かされることは、疲れます。マウントを取り続けられるのも、疲れます。さらに言えば、別にネガティブ感情をぶつけられているわけではなくても、ひたすら自分のことばかり話す人と一緒にいると、疲れますよね。当たり前のことのようですが、一度ここで考えてみてもらいたいのです。なぜ、人の話を聞き続けると疲れるのか。結論は以下の2つです。

- 感覚器官に情報がひたすら入り続けているから
- 自分の意見を言えないから

図表7-5 **インプットとアウトプットの処理**

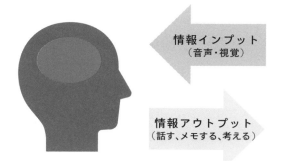

インプットとアウトプットのバランスが悪いと
（インプット過剰になると）、人の脳は疲弊してしまう

情報インプットが多い一方で、それについての反応をアウトプットできないことに対して、あなたの情報処理機関である脳が、もう情報はお腹一杯、一度整理させてくれ、アウトプットさせてくれ、と言い出しているのです。

人は、自分の思考をアウトプットできないことが、ストレスになります。私たちは、言葉にしたり、文章にしたり、絵にしたり、音楽にしたり、表現をすることを通じて精神の健全さを保っているのです。SNSの裏垢（秘密のアカウント）などが流行しているのも、このためかもしれません。誰に見てもらいたいでもなく、私たちは思考をアウトプットすることで、脳のバランスを保っているのです。

明確な話し手と聞き手という構造の中で行われるプレゼンは、形式上、どうしても聞き手にストレスを与えてしまっていることを、私たちは自覚する必要があります。どれだけ有意義な話であっても、どれだけ話術が巧みであっても、それでも人は聞いているだけでは辛いのです。

聞き手にとって軽快なプレゼンとするためには、プレゼンをあなたが一方的にしゃべるものから、なんとか工夫して、「対話」のあるものにすべきです。

プレゼンの内容・構成の面でインタラクティブ性を担保することももちろんですが、あなたの話し方によっても、相手は「自分の考えを表現できない」と苦しくなることもあれば、「十分に自分が考え、アウトプットすることができた」と感じることもあります。どうしたらよいのでしょうか。

実は、まったく難しいことはありません。あっという間に直せます。**しゃべりの中で、相手に問いかければよい**だけのことです。「これ、どう思います？」「なぜだと思いますか？」「これは何でしょうか？」。1対1の場であれば、相手にしゃべってもらえばよいのです。1対多の場合は、人数や制限時間によって、聞き手に振って答えてもらってもよい

し、それができないなら、メモ帳やワークシートに作業してもらっても大丈夫。YouTube や zoom のライブや会議であれば、チャット欄などに書き込んでもらうのがよいでしょう。それらが無理な場でも、一言、「これ、どう思いますか？」と問いかけ、相手の頭の中で考えてもらうだけでも、十分に効果があります。

　これは、さり気なく明日からできてしまう、劇的にしゃべりが上手くなる工夫です。本論に関係ないところでも、まったく問題ありません。相手が退屈さやストレスを感じ始める前に、問いかけを発し、相手に答えてもらう。「人は聞かされているだけは苦痛で、自分もアウトプットすることで、聞いていることで溜まった負荷（ストレス）を発散している」という、シンプルな人間の脳の構造を踏まえれば、本当にただ相手に問いかけることを心がけていくだけで、相手はあなたのしゃべりがとても聞きやすくなるのです。

図表７−６　**プレゼンを対話にする技術**

この一言で、聞き手は「インプットする思考」から
「アウトプットする思考」に切り替える

フィラー（え～、あ～）を取り除く

図表7-7 **漫才で想像されるイメージ**

　お笑い芸人さんが漫才をするシーンを思い浮かべてみてください。あなたの脳裏には、彼らが話し始める前に「え～」という言葉を使っている様子が浮かんでくるのではないかと思います。

　実は、それは思い込みです。「え～」と言っているなと思いながら、改めて彼らの漫才やコント、フリートークを見直してみると、実際のところはまったくと言ってよいほど、「え～」と言っていないことに気がつくはずです。私たちの日常では会話の中で自然と「え～」が入ってしまっており、そしてまた彼らであってもなお、うっかり「え～」と言ってしまうことがあるため（『M-1グランプリ』のような緊張する舞台であれば、なおさら）、私たちの脳裏に「え～」が焼きついてしまっているのです。

　言葉を話し始める前や、言葉と言葉の間に入る「え～」とか「あ～」

のことを、フィラー（filler）と言います。fill とは、隙間を埋める、という意味であり、私たちが無音を無意識的に避けようとすることで生じるものだとされています。テレビに出る人たちや、YouTuber などは、このフィラーを入れないように、訓練をしています。私ももちろん、フィラーを話し言葉から取り除く訓練をしています。

　フィラーについては、「入れたほうがよい」と誤解をされている方も多くいらっしゃるようです。その第1の理由は、中学などでの英語学習から、誤った理解をしてしまっているためでしょう。英語教師からは、英語圏での会話では無反応が嫌われるから、相手から問いかけられたら、何かしら「Hmmm…」「Ah…」「Uh…」などの反応をしたほうがよい、と教わったのではないかと思います。

　これ自体は誤りではありません。英語教師の名誉のために言えば、彼ら／彼女らはまったく間違ったことは言っていません。**相手の問いかけに対するさしあたっての対応として、「Hmmm…」「Ah…」は、適切なもの**なのです。自分がプレゼンターとして主導権を持って話す場での「え〜」とは、まったく事情が異なります。

　もう1つの誤解の形は、テレビやラジオ生放送では、無音になることは放送事故とされていると聞いて、無音が良くないことと認識しているというものです。これ自体も、そのとおりです。ただし、「無音＝放送事故」と思考停止をして断じてしまうことから誤解が生じています。なぜ、無音が放送の現場で避けられなければならないのかを考える必要があるのです。無音が放送事故であるとされる真意は、「貴重な放送の電波を無駄にしてはいけない」という精神であり、また商業的にも、無音時間があると視聴者が不安を感じてチャンネルを離れてしまうからです。

　だとすれば、「え〜」などの言葉で埋めるのは、本来的には避けられるべきもの。意味のある情報でこそ、放送の電波は埋められるべきなのです。

しゃべりの調子を整えるために、フィラーを言葉と言葉の間に挟むと、テンポが悪くなります。そのため、しゃべりを仕事とする人たちの間では、ないほうが望ましいとされ、フィラーを挟まずにしゃべることができるように訓練されます。フィラーが入ってしまったとしても、プレゼンに致命的なダメージは与えません。ですが、取り除くのも、実はとても簡単ですから、皆さんには明日から実践してもらいたいと思います。

　フィラーは、どうやって取り除くか。難しいことはありません。「『え〜』と言わない」という自己暗示をかけて、普段の会話からそれを心がけていけば、１週間もすれば劇的に改善します。実はこれは、わりと新しめの心理学の研究成果です。ちょっとした悪癖を直すには、「意識して、やらないと言い聞かせる」ことが有効だということが、近年明らかになったのです。

　かつては、悪癖を直すには、意識にのぼらないようにすることが有効だとされてきました。そして、それは事実だったのです。タバコをやめる、ギャンブルをやめる、悪い薬をやめる……。そのために効果的なのは、「別のことに意識を向かわせ、気を散らせること」と、「誘因から物理的に距離を取ること」でした。タバコ、ギャンブル、悪い薬といった強い誘惑からは、人はどうしても逃れられない。人の意識、自制心の力では勝てないのです。そのため、意識にものぼらないように、絶対に手が伸びないよう、物理的に距離を取り、努めて忘れるようにするのです。

　長年、悪癖を直すためにはこれらの方法が最善手段とされてきたのですが、近年になって、「人の心で抑え込める、弱い誘惑に対してであれば、逆に意志で自制したほうが有効」であることがわかってきました。たとえば、ついエスカレーターに乗ってしまうとか、人前で鼻をすすってしまうとか。そうした癖に対してであれば、あなたの自制心は十分に勝利できます。ですから、あなたの顕在した意識下で、脳に積極的に干渉させ、「もう、やらない」と自己暗示をかけていくほうが効果的だと

いうことが明らかになったのです。

　図表7-8は、米国で大学生を対象に行われた、誘因の強さ・弱さによる癖の直し方の有効性を検証したものです。学生にはその癖の改善度合いを5段階で評価してもらったところ、強い誘因を持つ悪癖には「距離を取る」「気を逸らす」方法が有効でしたが、弱い誘因の悪癖には「意識してやめようと思う」方法が有効であり、しかも、わずかに1～2週間で十分に効果をあげることが示されました。[※6]

　さて、本節の話は、フィラーについてでした。フィラーは、情報のない、無意味な唸り声と認識されています。フィラーはそこまでプレゼンにネガティブな影響を与えるわけではありませんが、プラスの影響を与えるものでもありません。ちょっとした意識づけと訓練によって抑えることができるものですから、皆さんもなるべくフィラーを挟まずに話ができるようになりましょう。意識すれば、1週間ほどで改善します。

図表7-8　自己暗示の効力

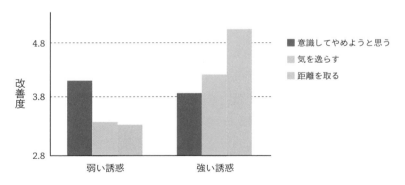

出所：Quinn et al.(2010).

※6　Quinn et al.（2010）.

人は刺激に慣れる

　人には、同じ刺激が繰り返されると、その刺激に対する生理反応が低減し、最後には消滅するという、「慣れ（habituation）」という現象が起こります。[※7] 新奇性がない刺激には感受性を低下させることで、次に必要な刺激に選択的に対応できるようにするために起こる、生理的現象です。本当は爆音のはずなのに、私たちは飛行機に乗っている間、その飛行音・エンジン音が一切気にならなくなります。これが「慣れ」の作用です。一般人では足がすくんでしまうような場所で、高所作業者が仕事をすることができるのも、刺激に対する「慣れ」によるものです。

　「慣れ」は生理的に私たちの機能として備わっています。図表7-9は、幼児を対象に行われた実験です。ある映像が流されたときに、最初はじっくり見ていた幼児たちも、3回目、4回目となると映像に興味を示さなくなっていく。再び違う映像に切り替えた際には（図中の黒線）視聴時間は回復しますが、類似の映像が続いた場合には、もう興味は回復しません。[※8]

　プレゼンにおいても、「慣れ」は生じます。一本調子で話し続けられていると、聞き手も無意識のうちに、あなたの声を聞かなくなってしまうのです。これは、聞き手の集中度や態度の問題ではない、というのが大切なことです。話し声に抑揚がないと、それはまるで飛行機のエンジン音のように、繰り返し流される同じ映像のように、無意識のうちに脳がスルーし始めてしまうので

※7　溝口ほか（1999）。
※8　中野（2009）。

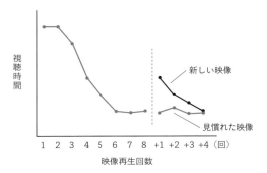

図表 7−9 「慣れ」の作用

出所：中野（2008）.

す。

　ですから、あなたの抑揚のない話が長くなってきて、聞き手がうんざりしてきた様子を見せたとしても、それは生物として自然な反応であり、聞き手を責めるわけにはいきません。あなたのしゃべりが一本調子なのが、いけないのです。

　私も、実はいちばん苦手なのが、しゃべりに抑揚をつけることです。つい、熱烈に話し込んでしまって、一本調子になってしまう。では、どうやったら、しゃべりに抑揚をつけられるのでしょうか。アナウンサー教室などで一般的に教えられている、話し方で抑揚をつける方法としては、以下の4点があるとされます。

- スピードを変える
- 声の強弱を変える
- 間をあける
- ジェスチャーをつける

プレゼン自体にあらかじめ変化がつくような工夫を施しておくのも有効です。いやが上にも、しゃべりに変化をつけざるをえなくなるような工夫。写真を入れてみたり、図表を入れてみたりして、そこでムードが変わるようにする。自分としても、「その写真や図表を見たら、気分を切り替える」ことを事前に意識しておくとよいでしょう。

あとは、自分なりのプレゼンの形が出来上がるまで、ひたすらトレーニングするしかありません。あくまで私の個人的ノウハウですが、「次のスライドに行くタイミングで、気持ちを一度リセットする」ことが有効であるように思います。

同じ気分、同じムード、同じテンションのままで次のスライドに進んでしまうから、場面転換が図れず、単調になってしまう。スライドが切り替わるたびに場面が変わるのだと考えて、新しい別のシーンが始まったつもりで、もう一度まったく異なる気分、ムード、テンションで入り直していくと、自然と抑揚がつき、全体のストーリーもつくりやすく、聞き手もそれを追いやすくなります。

断言しないのは知性の証しか、自信のなさの表れか

　語尾が「〜だと思います」「〜のように思われます」「〜だそうです」のように、断言を避けて、推定・可能性・伝聞の形式を使ってしまう方は多くおられると思います。発言への自信のなさが、語尾に表れていることが、その1つの理由です。

　もう1つの理由としては、特にインテリ層の方で、言い切れないのだから断言を避けるように指導されたり、あるいは、いろいろな可能性が考えられるので、断言ができない、というケースもあるでしょう。たとえば、あなたがベテランのエンジニアで、十数年勤続している工場現場で現在起こっている問題について報告をするとき。あなたは、その問題が生じるさまざまな原因が思い当たることから、断言を避け、「〜という可能性も考えられます」と発言するはずです。

　このように、推測・伝聞調が使われるのには、まったく別の2つの理由があるのです。

- 自信のなさの表れ
- 知識や経験の豊富さが、さまざまな可能性を考慮させ、断言をためらわせる

　前者の、いかにも自信なく話す「〜かと思われます」であれば、あなたのプレゼンの力を無意味に落とすものですから、避けるべきということになります。

しかし後者の場合は、逆の効果を持ちます。あなたには知性があり、分別があり、経験豊富であることの証左として、しっかりした口調で自信を持って行われる「〜という可能性もあります」は、説得にプラスの影響をもたらすでしょう。

もう、結論は見えましたね。推定口調が問題となるのは自信のない場合であり、こうした口調が逆に信頼の証しとなるのは、あなたに自信と経験がある場合です。

自信を持って、「断言できない」ということを断言するのが、この場合の正解です。問題は、推定的な口調のほうではないのです。あなたのその「〜だと思います」という言葉に、どれほどの確信があるのかわからない、自信が持てない中で使われる「〜かなと思う」は、相手の信頼を失う原因になります。一方、さまざまな可能性があるうちの１つであるという確信の下で行われる「〜かもしれない」は、確かに知性の証しなのです。相手は裏づけや根拠がある発言として、あなたの伝聞・推定口調を評価するでしょう。

図表7-10　自信を持って「断言できない」を断言する

情報を総合的に考えると
●●である可能性と
××である可能性が
考えられるので
断言できません！

09

自然なジェスチャーは効果的、悪い癖は意識せよ

「しゃべりとは、しゃべりだけではない」のですから、プレゼンの場に臨む「見た目」についても、論じておくことにしましょう。

まずできることは、自分にできる範囲で、身なりを整えることです。見なりなんて話の内容にまったく関係ない、そんなもので判断されたくない、というのは正論ではあります。ですが、現実問題として、ノンバーバルの力が9割であり、私たちはその人の言動や風采から、人物像を想像してしまっているのです。悲しいけれども、生まれつき見た目に恵まれるだけで、社会的に成功しやすくなるという厳然たる事実もあります。[※9] であれば、見た目で圧倒的なメリットを得ることができない平凡な私たちだからこそ、「見た目で損しない」ことが、とても大切なことなのだと知っておきましょう。

難しいことはありません。いつでも、かしこまった服装をしていなさいということではなく、「場にふさわしい、つまらないことで損をしないような服装をしなさい」という、それだけのことです。あえて相手を不快にさせる服装にする必要はないし、あえて自分の価値を貶めるような服装にする必要もない。いつだって靴の先までピカピカにしておけ、ということではありません（ただし、外資系コンサルや保険の営業員なら、いつでも靴の先までピカピカは必須です）。できる範囲で、迎えてくださる相手への敬意が伝わる服装を選びましょう。

次に、プレゼンの場でのジェスチャーについてです。それは、視線・体の向き・話しかける方向を、相手に向けることです。画面でも、手元

の資料でもなく、相手のほうを見る。放送・収録の場であればカメラを見る。

意味などなくとも、ジェスチャーをつけてみることも効果的です。最初は、言葉とジェスチャーがリンクしないかもしれません。わざとらしいジェスチャーと見られてしまうかもしれません。しかし、せいぜい数回も意識して実施すれば、あなたの言葉とジェスチャーはリンクするようになり、自然なものになります。むしろ、話し言葉とまったく異なるジェスチャーをするほうが、人間にとっては不自然なことであり、無理があることだからです。

悪い癖は直す。私には、幼少の頃から無意識で手遊び・指遊びをしてしまう癖があります。40歳を超えた今でもそれは講義中・収録中につい出てしまいます（以前の私のYouTube動画を見ると、結構頻繁に癖が出ていて恥ずかしい）。それほどに、悪癖は抜けきらないものですが、第7章06でもお伝えしたように、こうした小さい悪癖は意識すれば、かなり抑え込めるものなのです。プレゼンのときには、今一度、普段つい出てしまう癖を思い出し、それが出ないようにしましょう。

最後にもう1点。身体はよく動かすべきなのですが、ポインターや指し棒は振り回さないほうが有効なようです。私たちは無意識下で、手元にあるモノをいじってしまう性質があります（ボールペンの頭をカチカチやったり、ノートの端をペラペラめくったり）。それは、あなたのソワソワした心の表れです。そして、聞き手はそのソワソワした心を敏感に感じ取ってしまいます。プレゼンをする際には何も手元に置かないように心がけて、触るのも最小限にしましょう。

※9 まず米国で、この悲しくも厳然たる事実は検証されています。美しいものは、それだけで人生において経済的にも社会的にも大きな得をしているということです（Hamermesh, 2011）。そして日本でも、同じような現象が存在することが検証されています（小林・谷本、2016）。見た目は武器、あるいは凶器にすらなりうることを知ったうえで、武器にはできない私たちだからこそ、見た目で損をしないように気をつけるべきなのです。

10

一切合切の問題を、
どう瞬時に処理するのか

　プレゼンのときに、あなたの脳が同時に考えなければいけないことは、以下のようにあまりにも多くあります。

- 相手の様子を逐一観察する
- 相手に伝わる適切な言葉を選択する
- 残り時間を考える
- 残りの内容をどうまとめるかを考える
- 前のセクションまでのストーリーとつなげる
- 声のトーンを選択する
- 動作を選択する
- 爪を嚙むなどの普段の変な癖が出ないか、注意する
- スライドの操作をする
- 前のプレゼンとの関連を意識する
- 相手の立場や自分との関係を考慮する　など

　これらのことを、同時に処理するためには、どうすればよいのでしょうか。そのヒントは、世界の大舞台で活躍する、トップアスリートやトップミュージシャンが教えてくれます。
　たとえば、2022年12月のサッカー・ワールドカップにて。日本が対する相手は世界ランキング上位の強豪スペイン。勝てば決勝トーナメント進出、負ければ敗退という試合。相手ゴール付近でこぼれたボールに

飛び込み、シュートするのか、それとも味方にパスするのか、という
シーン。世に言う「三笘の１ミリ」です。

　皆さんもそんなシーンを、自分自身に置き換えて考えてください。あ
なたが考えなければいけないこと——三笘選手がそのとき瞬時に処理し
ていた情報量は、非常に多いものだったでしょう。「ボールの位置」
「ダッシュの速度」「自らの姿勢の制御」「周辺状況の理解」「パスを出す
味方の準備状況確認」「動作の選択」「蹴る」「次の動作」などのことが、
猛烈なスピードで瞬時に計算処理されていたはずです。これらの膨大な
情報を、脳はどう処理していたのでしょうか。

　皆さんも考えてみてください。トップアスリートの脳内では、何が起

図表７−11　**三笘の１ミリ**

サッカー選手は
どうやって瞬時に
色々な判断と動作を
行っているのか？

こっているのでしょうか。

　瞬間に要求される数多のことを、意識的に判断するのは不可能に近い
です。ということは、それはほとんど、無意識下で行われていたという
ことです。脳内でさまざまな物質が分泌され、通常以上に脳が機能し、
時間が止まった／ゆっくりになったような感覚すら覚える。異様なまで
の集中状態に入っているからこそ、諸問題を瞬間処理できるようになっ

ているのです。

　プロスポーツ選手が試合に没入している状態を、「ゾーンに入る」と言います。心理学では、同じ現象を、フロー状態（flow）と呼びます。心理学者のミハイ・チクセントミハイが1970年代に提唱した概念で、今行っていることに、完全に浸り、のめり込んでいる没入感覚のことです。現代科学では、気分が高揚し、多幸感を感じるエンドルフィンという物質が脳内で多量に分泌されることによって起こる作用であろう、と考えられています。プロスポーツ選手だけでなく、演奏中のプロミュージシャンや、対局中の棋士、あるいは私たちがゲームなどに没頭しているときにも、起こっている現象であることが知られています。※10

　図表7-12で示すように、フロー状態に入るためのポイントは、挑戦レベルの高いことに、高いスキルレベルを持って臨めるようにすることです。私たちがワールドカップやオリンピックなどの世界大会で、トップアスリートの奇跡のようなプレーを見ることができるのは、その状況設定が、まさにフロー状態を生み出しやすい条件を備えているからです。

　世界最高をめざすという途方もない目標に対し、世界トップレベルのアスリートが全身全霊で向き合うからこそ、イマジネーションを超えるようなスーパープレーが飛び出す。そして、トップレベルで戦うアスリートはすべからく、自分がゾーンに入るための技術を身につけてもいるのです。世界大会では、みんながゾーンに入っているのが当たり前で、自分だけゾーンに入れないと、まったく勝負の土俵にも立てないからです。

　あなたも、仕事や趣味などにおいて、自分がフロー状態となるための方法を見つけておくとよいでしょう。パフォーマンスをわかりやすく改善することができます。

　フローに入るなんて、そんなことめったにない……と考えるのは大き

図表7-12　フロー状態

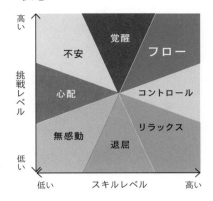

出所：チクセントミハイ（1996）。

な誤解です。私たちは日常の中で幾度となくフロー状態になります。ゲームに夢中になる時間、スポーツをしている時間、趣味の創作活動をしているとき、プログラミング中、データアナリティクス中……。私たちは、日常的に少なくない頻度でフロー状態に入っていると考えられています。一部のスーパーアスリートだけが、極限状態で入るもの、それがフロー。そんなふうには、考えないことです。もっと、日常のありふれたものとして考える。

　ご自身が「あれがフロー状態なのかな」と思う状況を1つ思い浮かべてください。そして、その状態に入ったときのきっかけや精神状態などを分析してみましょう。自分がフローに入るためのヒントが、見つかってくるはずです。

　プレゼンの場でも同じです。プレゼンに完全にのめり込めるような、フロー状態を導くトリガーを知っていると、あなたのプレゼンの成功確率は劇的に高まります。ただし、そのトリガーは何なのか、それは完全に人それぞれなので、自分の形を見つけていただく必要がありま

※10　チクセントミハイ（1996）。

す。

　参考になるかはわかりませんが、私の場合は、「リハーサルをせず、原稿も一切用意せず、全体のイメージトレーニングだけ行ったら、あとはぶっつけ本番」が、自分がプレゼンでフロー状態に入るためのコツです。何らかの準備をしてしまうと、それに頭が引っ張られてしまい、注意散漫になってしまう。あえてプレゼンの場の難易度を上げ、それを自分の持てる力のすべてで攻略するんだという状況に追い込むことで、自分の脳を最大限に活性化させています。実は、YouTube でもオンライン講義でもリアルでも、いつもそうです。

　しかし、人に同じこと（リハーサルなし、原稿なし、ぶっつけ本番）はお薦めはしません（笑）。私がフロー状態に入るための方法がこれだった、というだけのことです。チクセントミハイの言う「高い挑戦」に「高いスキルを投入する」状態をつくり上げるということをヒントに、自分であればどうやったらフロー状態に入れるか、そのトリガーを探してみてください。

　また、フロー状態こそが成功の秘訣であるとするなら、フローに入るのを妨げるような準備は逆効果だということになります。自分の注意が散漫になってしまうような、余計なツールを使ってみたりすると、それは逆効果になるかもしれません。プレゼンだけに集中できるように、最適な準備をするようにしましょう。

11

声とは一生懸命さであり、
筋肉であり、愛である

　私が学長を務める「やさしいビジネススクール」の受講生に、ウグイ
ス嬢（選挙カーで候補の名前を届ける仕事）をされておられる方がいます。
その方に聞いたお話で、非常に強く印象に残っているのが「**声とは一生
懸命さであり、筋肉であり、愛である**」というその方の持論・格言です。

図表7-13　声に力を持たせるものは何か

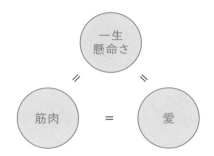

　選挙カーからウグイス嬢が候補の名前を連呼するのに、いったいどん
な効果があるのか、政策論議こそすべきではないのか、と疑問・義憤を
お持ちの方もいると思いますが、実は選挙活動のルールが厳密に決まっ
ている中で、選挙カーで実施してもよいことはごく限られており、その
中で最大限効果の上がる方法を模索してきた結果が、名前の連呼なのだ
そうです。

　本書の内容に沿って説明すれば、1つの場にとどまらずに走り続ける

選挙カーという媒体は、政策をロゴスで説得するための手段としては機能させづらい。選挙カーはもっぱら、パトスをこそ伝える場。通り過ぎていく、わずかな時間に有権者に届けることができるのは、「あの候補の陣営、今日も頑張っているな」という一生懸命さです。「○○候補の選挙カーがうるさい」と思う層は最初から埒外。届く声をうるさいと思わず、「一生懸命だなあ」と感じる層にこそ働きかけ、選挙直前の票固めをしているのが選挙カーの仕事なのです。

声に一生懸命さを宿せられれば、その一生懸命さは確かに支持層と浮動層の心に響く。このことを理解しているウグイス嬢が、候補者を勝たせることができる良いウグイス嬢なのです。

では、どうやったら「一生懸命な声」が出せるのか。その方に言わせれば、何のことはない、声を出すということだって身体運動なのだから、練習をし、鍛えることなのだと。声量、表現力、それらを磨いていけば、選挙運動開始期の明るい声色から、投票前日の切迫した声色まで、自在に出せるようになる。逆に言えば練習なしに、そんな自在な声など出せない。声とは筋肉であるとは、このことなのです。

そして、ウグイス嬢最後の資質が、愛なのだそうです。お金で雇われたところで、この候補には勝ってほしくないなと思ったら、声に力は乗らない。選挙に強い政治家というのは、一介のウグイス嬢にすら「この人を応援したい」と思わせる力を持っているそうです。ちょっとした仕草や気遣いに、ウグイス嬢をはじめとしたスタッフや支持者たちは力をもらう。そして、候補者を勝たせるための戦いに出るのです。

翻って、ウグイス嬢の立場に立てば、候補者のことを推したいと思える「愛」なるファクターがあって、職業人として完成する。一生懸命さも、筋肉も、愛があってこそ、引き出される。

声とは、一生懸命さであり、筋肉であり、愛なのです。科学的かと言われれば、そうではないかもしれません。しかし、私自身も長年しゃべ

る仕事をしてきて、この方がおっしゃった持論こそが、ある種の本質を言い当てているように思います。皆さんのしゃべりの最後のひと磨きに、「一生懸命さ、筋肉、愛」の法則をご活用いただければ幸いです。

COLUMN　吃音症を理解する

　プレゼンが嫌いだ。自分が話し出すと、人に笑われるから。上手くしゃべれない、自分が嫌になる。そんな原因の1つとなってしまうのが、吃音症（どもり）です。自分、そうなのかもしれない……と思い当たる人もいるのではないでしょうか。

　本書は、すべての人にプレゼン力を届けたい。そんな思いで書きましたから、吃音症の方がいかにその症状と向き合い、プレゼンと付き合っていけばよいかを、簡単ながらここに記しておきます。また、吃音症の方が周囲にいらっしゃる人にも、この病気のことを知っておいてもらえれば幸いです。

吃音症とは

　現在のところ、話したくとも上手に言葉が出ないという吃音症は、なりやすい体質の方が、2～5歳くらいの言葉の覚え始め期に、身につけなければいけない語彙や文法の複雑さに、脳の処理が追いつかないために発症するとされています。親の育て方のせいでもなく、本人の性格のせいでもありません。たまたま、言語習得環境やスピードが合わなかったときに起こるものなのです。

　人口の5～10％程度が発症するとされますが、このうち9割の方は発達の過程で自然と回復していきます。人口比においておよそ100人に1人程度が、大人になっても吃音症に苦しむことになります（自覚

症状がある人の割合であり、潜在的には、吃音症の方は人口比でもう少しいるとみられています）。

向き合うこと

　吃音症は完全に治せるわけではないのですが、自分の特徴を理解して、それを克服するためのトレーニングによって、かなり改善させることができます。人前でしゃべることが得意になるのに、人よりも時間はかかる。でも、向き合っていけば、確かに前よりも上手に話せるようになるものなのです。

　病院にかかることもできます。リハビリテーション科がある病院で、言語聴覚士による指導・支援を受けられるのです。科学的な原因特定と、それに沿った訓練は、改善の近道です。吃音症の特徴があるけれども、人前でもっと自由に話したい。そう思っている人は、お近くで指導を受けられるところを探してみるのもよいでしょう。

　いちばん大切なのは、人前で話すことを「苦手にしないこと」だと言われています。避けているうちに、できなくもなる。できないと、自己肯定感も下がり、プレゼン自体が嫌いになっていく。逆に、上手くできたときには自信になり、克服のトレーニング進展にも大きく寄与します。

理解すること

　最後に。あなたが吃音症でなかったとしても、あなたのまわりには、少なからず吃音症の人がいます。そうした人の話しぶりを笑ったり、ちゃかしたりすることは、本人の苦しみを増やしてしまいます。あなたが「話すこと」の喜びを知っている人であるなら、相対するすべての人に、そうあってほしい、と思いませんか？

　吃音症という特徴があること。人知れず悩んでいる人がいること。そうした人に理解を示してください。皆さんに心からのお願いです。

第 **4** 部

第 **8** 章 -

生産的な
「場づくり」

　場が温まっていないとか、会場の雰囲気が悪い……というのも、プレゼンターが自責とすべきことです。プレゼン開始の最初の数分間は、とにかく場をつくるための時間。自分の持てる力を使って、しゃべること以上に、場をつくることにこそ気を遣うべきです。

　そんな「場」もまた、科学の対象となっていることを、ご存じでしょうか。良き場づくりも、実務のノウハウ集の域を超えて、ちゃんと理論化されているのです。そして、日本こそが、場の研究の起点。私たちは、この人と人の間に漂うなんともいえない空気のようなものに意味があり、価値があることを知っているのです。プレゼンの最後の１ピース、「場」。日本が誇る場の理論、しっかり学んでもらえたら幸いです。

場づくりもプレゼンの一部

　プレゼンづくりの、最後の最後。プレゼンを成功させるために残っている最後の1ピースは、「場」です。

　実は「場」も、学術的に研究が深められてきた概念です。もともとは物理学で使われる言葉で、何らかの影響が及んでいる空間的範囲のことを指します（英語では、field という言葉を使います）。この「場」の概念は社会学や経営学にも応用されており、誰かの権力や、リーダーシップ、流行、「こうあるべきだ」という規範など、何らかの物事が影響を与えている範囲を指して場と言います。[※1]

図表8-1 場とは影響力が及ぶ範囲

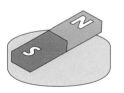

磁力が及ぶ
範囲

動物はもっと
保護されるべきだ！

経営者の威光が
及ぶ範囲

ある社会的な運動が
受け入れられる範囲

プレゼンはまさに、あなたが他者に影響を及ぼしている場となります。あなたのありよう、あなたの振る舞いが、場の基本的な性質を決めるのです。ですから、プレゼンの上手さの中には、出席者の皆さんに能動的に参加してもらい、有意義な場であったと感じられるような「場づくり」も含まれることになるのです。

　しゃべりや資料が良ければ、優れたプレゼンになるわけではありません。その場までも、つくりあげることが求められます。本章では、プレゼン技法の最後の要素として、場のつくり方の話をしましょう。

　プレゼンの場に求められる、良い場はどのようなものか。それは、人々の知に働きかけ、その知が発展し、願わくは出席者の心や身体をも揺さぶり動かすようなところ。楽しいな、刺激的だな、有益だなという感情で満たし、ストレスや不快感を取り除き、ポジティブな感情でいられるところ。聞き手でありながら、自己が実現され、充足されたと感じられるような体験を与えられるところ……。皆さんもチャレンジしてみてもらいたいのですが、なかなか、言葉にしてみると難しいことに気がつきます。良い場について、おおよそイメージはできていると思いますが、ズバッと「こういうもの」とは定義しにくい概念です。

　人々の思考と行動を刺激する、良い場とはどういうものか？　皆さんには、それを説明している優れた研究・理論があることも、知っていただきたいと思います。一橋大学名誉教授の野中郁次郎さんによる世界的に名高い日本発の理論、「知識創造理論」です。名前は聞いたことがあったり、その概要を知っている人もいるかもしれませんが、この理論が場に関する理論であることは意外と知られていないかもしれません（もちろん、ご存じでなくても問題ありません、今からご説明します）。

※1　DiMaggio and Powell（1983）。会社はこうでなくてはならない、という概念が共有されている範囲内では、会社組織の形はみな同じようになっていくという、経済経営の領域での「場」の影響力を指摘した記念碑的業績です。たとえば、効率的になるからDXをするのではなく、みんなが「DXすべき」と考えているからDXをする場合、誤った方向に行ってしまうということです。

ちょっと遠回りのようですが、野中さんの定義する、知の創造と発展が加速する場のことを論ずるために、その理論的前提となる「知識の往還」の話をしていきましょう。

　図表8-2のとおり、知識には、暗黙知と形式知とがあります。人は形式知を学んで自らの暗黙知を育み、また、暗黙知たる知見を言語化して形式知に変換します。この暗黙知と形式知の往還こそが、知が育つためのポイントです。

　そして知識には、個人としての知と、集団（社会、組織など）としての知という次元もあります。個人の知が集団に還元されて、集団の知は育ち、集団の知がまた個人の知を育むのです。こちらの個人知・集合知の往還もまた、盛んであるほどに個人／集団の知が発達していくことになります。

図表 8-2　**知識の2軸4象限**

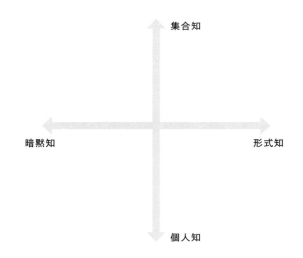

この２軸４象限を想定したうえで、いかにして往還運動を加速させる
か。そのカギこそが、人々が集まる場を上手に構築することなのです。

　他人との創造的な共同作業がある「創発できる場」がデザインされて
いれば、個人の暗黙知は他者と共有され、集合的な暗黙知に進化します
（Socialization：共同化）。人々の間でよく情報交換が行われる「対話する場」
がつくられていれば、その集合的暗黙知は、対話の中で言語に変換され、
集合的形式知になります（Externalization：表出化）。集合的形式知がデー
タベースや教本のように、体系立ったものとして整理される（システム
化される）とき、それを学んだ個人の中では形式知が連結されて蓄えら
れます（Combination：連結化）。そしてその知は、実践する場において、
個人的暗黙知に昇華されていくのです（Internalization：内面化）。野中さ
んはこれを、４つのアクションの頭文字をとって「知識創造のSECI モ
デル」と名づけています。[※2]

　SECI のサイクルを加速させる場の特徴をまとめると、以下のように
なるでしょう。

- 共同化のために、協働がある空間である。
- 表出化のために、対話がある空間である。
- 連結化のために、知の整理と体系がある空間である。
- 内面化のために、実践がある空間である。

　これは組織一般に通ずる理論であり、必ずしもプレゼンだけに限った
話ではありません。その意味では、皆さんにはぜひ SECI モデルを、プ
レゼンに限定せず、広くあなたの仕事や職場に持ち帰ってもらいたいと
ころです。

　話をプレゼンに戻しましょう。
良きプレゼンの場は、上記の要素

※2　野中・竹内（2020）。

図表 8-3 SECIモデル

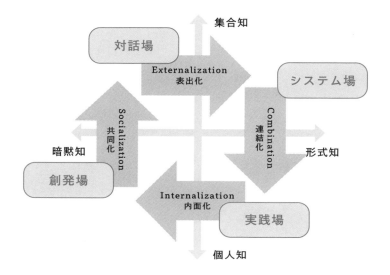

を満たしたものとなります。聞き手と話し手の双方にとって有益な場であるために、なるべく、そこに協働があり、対話があり、整理と体系があり、そして実践があるような場こそをデザインすべきです。

　これをプレゼンのあるべき姿としたならば、具体的には、どのようなアプローチが求められるのか、議論を深めていきましょう。

デール・カーネギー 「人に好かれる6カ条」

　難しい理屈は抜きにして、場づくりの第一歩は、とにかくまず、あなたが相手に受け入れられることです。

　人に好かれるためには、どうしたらよいのでしょうか。米国の作家にして対人スキル教育法の開発者・実践者であるデール・カーネギーは、今日でも熱く支持される名著『人を動かす』にて、「人に好かれる6カ条」を提唱しています。[※3] カーネギー自身は研究者ではありませんが、彼のこの6カ条は、いずれも後に科学的に検証されています。的確に対人関係のポイントをまとめたものとして、知っておいて損はないでしょう。

　1つ目は、相手に健全な関心を寄せることです。自分の言いたいことを言いたいように語るのではなく、プレゼンターであったとしても、相手が何に興味を持っているのか、相手に最大限の関心を寄せるべきなのです。

　2つ目は、笑顔で接することです。笑顔は非常に強力な相手の受容を引き出す手段となります。いかなる言葉よりも、振る舞いよりも、笑顔でいることがすべてを超越して相手の受容を促進する技術です。

　3つ目は、名前で呼ぶことです。カクテルパーティ効果という脳の働きがあります。カクテルパーティのような騒がしい場所でも、あなたの名前を呼ぶ声は聞こえる、という効果です。[※4] 人の聴覚や脳にとって、自分の名前は特別な効果を持

※3　カーネギー（2016）。
※4　Cherry（1953）.

図表 8-4 人に好かれる6カ条

相手に関心を寄せる
笑顔で接する
名前で呼びかける
聞き手に回る
相手の関心に沿って話をする
相手にとって大切な存在になる

ちます。その人にとって、名前は他の情報よりもはるかに重要性を帯びた情報であり、脳を活性化させ、意識を向けさせるのに大変強い力を持つのです。

とはいえ、こんな時代ですから、なれなれしくファーストネームで「○○ちゃ〜ん」なんて呼ぶのが正解というわけではありません。苗字で「浜田さん」「松本さん」。これが今日的な正解でしょう。あなたも自分が呼びかけている様子を脳内再生すれば、すぐに気がつくはずです。「お前」「君」と呼ぶ場合と、「大谷さん」「藤井さん」と呼ぶ場合。後者のほうが、はるかに不快感が少ないはずです。親しき中にも礼儀あり、は事実なのです。あなたの夫・妻や子どもに対してでも、ぞんざいな呼びかけよりも、丁寧な名前の呼びかけをするほうが、はるかに良い関係を構築できます。

プレゼンの場でも、相手のお名前がわかっている場合には、最大限、名前で呼ぶようにしましょう。個人名がわからない場合でも「○○市の皆さん」「株式会社○○の皆さん」のような呼びかけは、相手の受容を

引き出すうえで、とても効果的です。

　4つ目は、聞き手に回ることです。プレゼンの場が、一方通行な自分語りではダメで、なるべく双方向的になるように工夫すべきことは、ここまで何度か述べてきました。それは、良き関係をつくるうえでも有効です。

　5つ目は、相手の関心に沿って話す内容や説明を変えることです。相手にとっていかなる価値があるか、ということを念頭にプレゼンを行いましょう。

　最後の6つ目は、相手にとって大切な存在として、そこに居ようと努めることです。

　紙幅の関係で、軽く流す程度で触れてきましたが、カーネギーの「人に好かれる6カ条」は、説明を多く要さずとも、あなたも合点がいくものであったのではないかと思います。また、これまで私が説明してきたこととも、少なからず重複のある内容でもありました。人として好かれる態度を取り、相手に受容されることでこそ、人を動かす力を持てる——場に対してポジティブな影響力を及ぼすことができるようになるのです。

言葉を飲み込んだとき、良いことは決して起こらない

　長々と人の話を聞いていれば、誰だって何かしら言いたいことの1つ2つは出てきます。聞き手の皆さんの脳裏に「言いたいこと」が浮かび上がってきたときに、プレゼンターは上手にそれを拾い上げられるかどうか。「対話」や「協働」あるいは「体系的理解」のある場とできるかどうかは、プレゼンターが相手の発言を拾えるかどうかにかかっています。

　言葉を飲み込んだときには、良いことなど何一つありません。「それ、おかしくないですか?」「私はこうしたほうがよいと思います」「ちょっとわからないので教えてもらえませんか?」など、プレゼンの場でも、それ以外でも質問が気軽にできれば、たちどころに解決する問題であったとしても、その言葉が飲み込まれたとき、相手の疑問は未解決、迷宮入りとなってしまいます。

　これが日本社会の問題なのだと看破したのは、民間企業にあって企業の組織風土を研究している石井遼介さんです。彼が「気軽に質問できるかどうか」のカギであるとし、普及に努めている概念が、「心理的安全性（psychological safety）」です。※5

　心理的安全性は、「その場において、対人関係におけるリスクある行動を取っても大丈夫だ、という信念が参加者の間で共有されている状態」と定義されます。要するに、「ちょっと厳しめの、突っ込んだ言葉を放ったとしても、相手が受け入れてくれる状態」です。それくらい、相互に信頼が置かれている状態だとも言えます。グーグルの社内で全力

を挙げて行われた、生産性の高いチームに関する調査「プロジェクト・アリストテレス」では、他の要因を差し置いて、この心理的安全性こそがチームの業績に最も強い影響を与えていたことが明らかになっています。

　ただし、心理的に安全であることが場を生産的にするためには、その場が高い目標に向かって挑戦する意欲に満ちているときに限ります。相手と気の置けない、くだけた話ができたとしても、特に何も目標としないようなぬるま湯的な環境では、心理的安全性は正しく機能しません。学びのある場をつくるためには、それなりに質の高い仕事をしようとする中で、お互いに心を許し合える状態をつくることが求められるのです。

図表8−5 **高い目標をめざしながら、
　　　　心理的安全性があるときに学習が起こる**

	要求水準が 低い	要求水準が 高い
心理的 安全	ヌルい 場	学習する 場
心理的 非安全	サムい 場	キツい 場

出所：石井(2020)をもとに作成。

　皆さんは、プレゼンの場に集まってくださった方に、心理的安全性を与える必要があります。自分の話を聞いて、そこからヒントを得たり、意思決定をしたり、行動を変えたり、学びを得たりしてもらうために、相手が気軽に質問できるような雰囲気をつくらなければなりませ

※5　石井（2020）。

ん。

　いかにして、場に心理的安全性をつくり出すのか。石井さんは、日本の文化・風土を踏まえたうえで、私たちにもできるところから、「話助 挑 新」（わじょちょうしん）という以下の４つがカギであるとまとめます。プレゼンの場にも、この話助挑新を導入してみましょう。

- 話しやすい
- 助け合いがある
- 挑戦がある
- 新奇を歓迎する

　１つ目は、話しやすい場づくりです。そのためには、雰囲気で威圧しない。相手の話を拒んだりする様子を見せない。黙って聞いていろ、と言わんばかりの態度を取らない。プレゼンを始める前に、相手に最初に口を開いてもらう時間を設けたりするのも効果的です。

　２つ目は、助け合いのある場づくりです。わからないことはないですか、と定期的に問いかける。問いかけてみて、一切質問が出てこなかったとしても、効果的です。相手は、「質問することができる場なのだ」と思うだけで、その場に居心地の良さを感じ、あなたの話を積極的に聞こうと思ってくれます。わからなければ聞けばよいのだ、という安心感が大切なのです。

　３つ目は、挑戦がある場づくりです。実はこれも大切な側面です。ヌルい感覚を持たせてしまうと、わからないことがあっても、聞くまでもないという感情を抱かせてしまいます。いたずらに難しい話をせよ、というわけではありません。皆さんに、行動や思考の変容を促すような、今日このプレゼンを経て、前向きな感情の下で何かを始めなければいられないような、そんな働きかけをするのです。

4つ目は、新奇を歓迎する場づくりです。**異論、異説、反対意見、はたまた、突拍子もないように思われるまったく異なる意見を、大いに受け入れる**。その質問や反対意見に、上手く対応できなければ、素直にそう言ってしまえばよいです。「おっしゃるとおりかもしれません。そういう考え方もありますね。よく考えたいと思います。引き続き、議論していきましょう」。言下に否定するのではなく、異論を受け入れることで、場の心理的安全性は大きく改善します。

　心理的安全性は、ちょっとした工夫でつくれるのです。なんとなくの雰囲気とか、高度な技術とか、人柄・キャラクターなどに依存するものではありません。空気・雰囲気というのは、あなたのやりようで、いくらでも変わります。笑顔でいることや、やさしく語りかけることなどでも、大きく変わります。ちょっとした工夫で、場のありようが大きく改善するなら、積極的に「話助挑新」をプレゼンの場づくりに導入してみましょう。

相手の質問が、まったく
わからないときの対処法

　相手が心置きなく発言ができるようになったとして、次なるポイント
は、どうやって相手の発言に返答するか、です。答えやすい質問なら、
素直に自分の考えを伝えればよいとして、難しいのが、相手の発言が
まったく理解できないときです。本当に大ピンチなわけですが、正直な
ところ皆さんも経験があるのではないでしょうか。

　プレゼンで、質疑応答の時間がいちばん苦手だという方は、少なくな
いはずです。会議の場、クライアントとの面談、人事の面接、学会での
発表などのさまざまなシーンで、相手から投げかけられた質問が、何を
言っているのか、さっぱりわからないという事態が起こりうるからで
す。上手な返答ができないから、という方もいらっしゃるでしょう。

　実は、このプレゼンターが相手の質問を受け止めきれない、上手く返
答できないという現象にも、科学的理由があります。あなたの理解力が
足りないのでも、相手の説明力が拙いのでもありません。**それまで話し
手・聞き手であった関係が、急に逆転したことに対し、お互いの脳が対
応しきれないことに原因がある**のです。聞き手とあなたの脳では、以下
のようなことが起きています。

①相手も質問がまとまっていない

　あなたの話の内容が充実していればいるほど、相手は、聞くことに必
死です。脳のリソースを、聞くことと理解することに集中させているの
です。ところが、**質疑応答では、先ほどまで数十分間聞き手であった人**

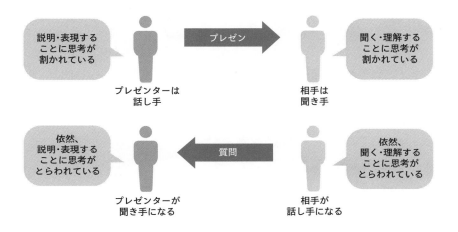

図表 8-6 質疑応答では話し手・聞き手関係が急に逆転する

説明・表現することに思考が割かれている

プレゼン

聞く・理解することに思考が割かれている

プレゼンターは話し手

相手は聞き手

依然、説明・表現することに思考がとらわれている

質問

依然、聞く・理解することに思考がとらわれている

プレゼンターが聞き手になる

相手が話し手になる

が、急に話し手になります。どんな人でも、その変化には簡単には対応できません。だから、頭の中で文章を作成し、それを言葉やジェスチャーで表現しようとしても、上手くいかなかったりするのです。

　質問者は限られた時間で、問いをまとめなければいけないのですから、質問をするには、かなりパワフルな思考力が要求されているのです。プレゼンターからの膨大な情報を受け止め、それを自分なりに咀嚼し、そして質問として投げ返そうとするのですから、かなりの能力を求められていることを、あなたはよく理解してあげる必要があります。

　相手がたどたどしく話し出したり、なかなか言葉が出てこないとしても、それは人として自然なことなのです。相手の質問が下手だったとしても、相手のことを見下してはいけません。よくよく、あなたのプレゼンを聞いてくださって、必死に消化しようとしているからこそ、すぐに言葉がまとまらないのです。

②あなたも聞く態勢が整っていない

　プレゼンをするときは、あなたの側も、１つのストーリーをきれいに論じきるために、思考が「伝える」ということに固まる傾向にあります。１つのストーリーに沿ってしか、考えられなくなっているのです。そんなところに、想定外の質問が来ると、受け止めきれなくなってしまいます。熟達者ともなれば、伝えながらも余裕を持って、質疑応答に臨めるようにもなるでしょう。しかし、その域に達するまでは、プレゼンすることだけに必死であるのが一般的です。あなたが展開した話の筋から大きく外れるような質問に思考がついていけないのも、自然なことなのです。

　聞き手側は、必死に内容を消化しながら質問をしようとするため、話すことに十分に意識を割けない。一方、話し手側も、話すという行為のために思考が固まっており、聞くことに意識が割けていない。こうして、質疑応答は上手く噛み合わなくなるのです。

　では、どうやったら、プレゼンターは質問をよく理解できるようになるのでしょうか。

　そのポイントは、「相手は絶対に反論しようとしているのであり、どこのポイントで相手が引っかかっているのかを理解することにだけ集中すること」です。

　これは、私の秘蔵テクニックです。いいですか、相手からフワッとした質問が来るときというのは、絶対に相手は反論をしようとしているのです。それ以外の可能性はない。「ここがわからなかったから、教えてほしい」ならば、相手は素直にそう言います。「まったくそのとおりだ。あなたの言うことに賛成です」の場合も、素直にそう言うはずです。もし、相手の話の中にわからない部分があったとしても、「ありがとうございます」とだけ返せばよいでしょう。

　これに対して、相手が何を言い出したのかわからない場合というの

聞き手側の発言バリエーションは3種類しかない。
このうち、わからないパターンは「反論」しかない

質問の内容	不明点がある	賛成する	反論する	
典型的な発言	ここがわからなかったので、教えてくれませんか	まったくおっしゃるとおりだと思います。全面的に賛成です	●●の点に疑問があるのですが、これは××と考えるほうがよいのではないでしょうか	何か根本的に違っているように思います。●●の部分の前提は××理論で考えるべきで……
あなたの受容難度	低い	低い	中	高い

は、単に賛成するか、わからなかった点を再度教えてもらうか、ということよりも複雑なことをやろうとしている。意見がまとまっていなくとも、それでも今この限られた時間のうちに、立ち上がって何か発言をしようとしているのだとすれば、それは間違いなく、あなたの発表の重要な部分に対して、何とかして反論をしようとしているのです。

　ですので、何を言っているのか、よくわからない質問が来たなと思ったら、すぐに頭を切り替えましょう。この人は、自分のプレゼンのどこかに引っかかりを覚えて、何とか反論をしようとしているのだ、と。そして、**相手がどこに引っかかりを覚えているのかを理解するようにさえすれば、かなり話は聞き取りやすくなります。**

　そして、さらなるテクニックとして、ここで相手の反論を聞き取ろうとする際には、**細かい表現にとらわれず、大枠で何を言おうとしているのかに集中する**ことです。フワフワした質問が来るときというのは、相手もまだ頭を切り換えられていないので、物事を的確に表現できるよう

な、正しい言葉を選べてはいません。口をついて出てくる単語自体には、そんなに深い意味はないのです。ときには、すごく不適切な表現になってしまうこともあります。そこに腹を立てたりもすべきではないですし、その言葉がどういう意味なのかを追っかけても、わからなくなるだけです。

　思考リソースが十分に割けない中で使われる言葉は、自分の日常でよく使っている言葉であったり、最近聞いたばかりの言葉だったり、その人の短期記憶の中にある手近な言葉です。相手の使う言葉にいちいち引っかからず、ひたすら、とにかく自分の発表のどこに引っかかっているのかにだけ集中する。それで、だいぶ理解しやすくなるはずです。

　こうしたフワッとした反論を上手に拾えるかどうか、上手く返答できるかどうかは、場を良きものとできるかどうかの、決定的な分かれ目かもしれません。「何を言っているかわかりません」と切り捨てるのではなく、言下に「違います」と否定するのでもなく、必死で伝えようとした相手に敬意を表しながら、よく議論をする。まさしく、ここが腕の見せどころです。

　正直、私がプレゼンをした際に、いちばん「しめた！」と思う瞬間が、こうしたフワッとした質問が来た瞬間です（笑）。参加者の方々が「何かヤバそうな質問が来たな、何を言っているかが全然わからないな、中川はこの質問に対応できるかな」と、ヒヤヒヤとした空気が流れた瞬間。これを上手く拾って、相手を尊重した形で議論を継続することができれば、その場の心理的安全性は一気に高まります。

　そこを突破した先は、聞き手の皆さんにとって、最高に幸せな時間です。このプレゼンターなら何でも質問できるな、という雰囲気が広がり、気楽に質問や意見が飛び交う、とても有意義な場になります。

05

質問への答え方①
Win-Winを模索する

相手の話を聞き取るまでが、質疑応答の前半。残り半分が、相手に返答することです。適切な返答を行えたならば、質問者も納得し、場全体の心理的安全性も一気に高まります。返答が拙いと、場の空気は非常に寒々しいものとなってしまいますから、ここから先も、もう一山、難所を越える必要があります。

どういう返答こそが、望まれているか。ここにおいては、対人交渉の望ましいあり方を探究した学問である交渉学が、力を発揮します。要点を絞って、交渉学とはどういう学問かを説明し、相手との対話を生産的にしていくためのポイントを説明していきましょう。

交渉学の教えとして、何より大切なことは、**相手の意図を尊重し、あなたの意図も決して曲げない、双方の意図を等しく重んじる「Win-Win」となる返答を模索する**ことが、お互いにとってベストだということです。

相手の意図を尊重しながら、同意できる着地点を提供してあげる。これが、相手の反論に対して、最も有効な説得手段となるアプローチなのです。決して、反撃することでも、屈服することでもない。相手を尊重しつつ、しかし、持論も容易には引っ込めない姿勢こそが、交渉相手として信頼に足る存在だと相手に思ってもらうことにつながります。[6]

相手からの反論があったら、まず、相手の意見と立場を尊重してあげましょう。相手の意見ももっともである、と。実はあなた自身に

※6　フィッシャー／ユーリー（2011）。

図表8-8　交渉の勝敗

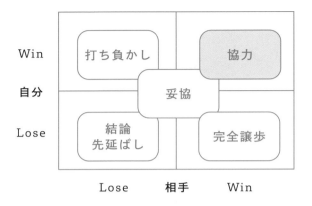

とっても、相手の意見を受け入れてしまったほうが、自分の頭の整理が
つきやすくなります。最初から相手に反論しようとするのではなく、相
手の意見を受け入れてから、自分の意見とどう違っているのかと考える
ほうが、効率的なのです。

　そうして、お互いが尊重される決着を探そうとしていけば、上手く
Win‐Winとなる答えが見つからなかったとしても、双方が痛み分けと
なる妥協点くらいは見つかります。Win‐Winが見つからなかった場合
は、この「妥協」がセカンドベスト。相手にも少し折れてもらう必要が
ありますが、こちらも折れているので、納得感の高い着地になります。
また、もしまったく妥協点も見つからなかったとしても、最大限、双方
納得いく着地点を探そうと努力したあなたに対して、相手は信頼と敬意
を寄せてくれるようになるはずです。

　相手の意見を尊重せず、自分の意見だけで屈服させるのは「打ち負か
し」。これでは、相手は納得できませんから、相手は怒ってしまうかも
しれませんし、その場では笑顔で「わかりました」と言ったとしても、
納得はしていないでしょうから、プレゼンとしては失敗です。

一方、完全に相手に屈服してしまう「完全譲歩」も、場づくりにおいては、実はマイナス効果となります。相手の目には、あなたが自分の意見をすぐに引っ込める、信念のない人物として映るからです。あるいは、先ほどはあれほど熱心にプレゼンしていたのに、どうしてこんなに簡単に折れるのだろうと、意図・目的が読めない、不審な人物に見えてしまう可能性もあります。相手の意図・目的も尊重しながら、自分の意図・目的も大切にする、そういう姿勢によってこそ、相手もまた Win−Win を一緒に考えてくれるようになるのです。

　話し合いが平行線に終わる場合、つまり、自分の主張が相手に受け入れられなかったり、相手の主張を飲むことができなかったりするのは、往々にして Win−Win をめざそうという認識が共有できていないからです。

　たとえば近年では、環境や人権などをテーマに、絵画を破壊しようとするなどの暴力的な手法で主張をアピールする個人や団体があります。皆さんは、なぜ彼らの声に耳を傾けないのでしょう。その理由は、急進的な方法を取る彼らが、皆さんの意見に耳を傾けるつもりがないと映るからです。相手を打ち負かしてやろうというスタイルで交渉を始めることが、彼ら自身の首を絞めているのです。あなたも、自分の意見を聞いてもらいたいなら、相手の意見をこそ真摯に受け止め、尊重するようにしましょう。

質問への答え方②
ZOPA

Win‐Win は、双方の話し合いを良い決着に持っていくことを目的と
する交渉学の中心概念ですが、交渉学の研究はここからさらに進んで、
具体的な「良い着地点を見つける方法」にまで、議論が深まっています。
その方法とは、双方が同意可能な範囲を意味する「ZOPA」(Zone of
Possible Agreement) を探すことです。※7

図表 8−9 **ZOPA**

そんなに難しい概念ではありません。自分として最大限に譲歩したと
ころまでが、自分の出せる条件です。一方、相手にも同じく、ここまで
なら妥協できるという条件があります。その自分として譲歩できるとこ
ろと、相手が譲歩できるところまでの間の範囲が、ZOPA です。この
区間であれば、双方の意図が守られたまま、合意をすることができるの
です。

ZOPA を意識した受け答えはとても簡単です。自分としては最低限これくらいはやってほしい、相手にとってもそれくらいのことなら合意できるだろう、という下限のラインを探し、提案することが、ZOPA を活用した交渉技術です。いくつか例を挙げてみましょう。

- 「貯蓄・投資をしてください。まずは、月々 3000 円からではどうですか？」
- 「毎月、改善提案を出してください。月末に 1 行だけでよいので、チャットに書き込んでもらえませんか？」
- 「フードロス対策に目を向けてください。まずは、スーパーやコンビニで商品を棚の手前側から取ることを心がけてくれませんか？」

　これが、ZOPA の例です。相手が同意できるラインをこちらから提案することで、自分にとっては Win であり、相手が Lose にならないラインを、まず設定してしまうことができるのです。相手は、あなたが相手の権利や意図を尊重していることを理解し、あなたのことを信頼できる交渉相手だとみなします。この ZOPA によって、話し合いは平行線をたどることなく、お互いの前進をつくりだそう、という空気が場に生まれるのです。

　もし、相手の ZOPA がわからないときには、正直にそのことを伝え、相手にボールを委ねてしまうとよいでしょう。「皆さんができることは何でしょうか？」「皆さんが難なくできるところから、始めてください」「皆さんのお立場・お考えももっともですが、私が伝えたことの大切さもご理解いただけたのではないかと思います。可能な範囲で、ご検討いただけませんでしょうか」。こういった形でも、相手は自分の権利が尊重されていると感じてくれるはずです。

※7　フィッシャー／ユーリー（2011）。

難易度の高い質問への対応

　ここからは、少しハウツー的ですが、難易度の高い質疑応答のケースに、どう対応するかを議論していきましょう。

①それでもやっぱり、何を言っているかわからないとき

　もう1回話してもらっても、必死に意図を汲み取ろうとしても、どうしてもわからないときというのは、やっぱりあります。そうしたときに、どうしたらよいかというのも、実は交渉学の世界では答えを出してくれていたりします。

　それは、とにかく相手を尊重し、否定しないことです。他者との良い着地点を探そうとする際に、絶対にやってはいけないのが、言下に相手に No を突きつけることなのです。何を言っているかがわからなくても、相手は誠実・必死・真摯に、思いを伝えようとしてくださっているのです。その相手の努力にこそ、最大限の敬意を払ってください。誠意ある対応をすることで、相手は、その場では意図が伝わらなかったとしても、あなたのことを議論するに足る人物だと評価してくれるでしょう。

　また、笑顔でいることも大切です。相手のことを受け入れる姿勢を見せましょう。そして、「大変申し訳ありませんが、この場では私はご発言の趣旨を汲み取れず、明確なご返答を差し上げられませんが、何卒ご了承ください。この場が終了した後、個別によくよくお話を伺いたく存じますが、よろしいでしょうか」と伝えるのです。

- 意図を汲めなかったのは自分のほうであり、会話が上手くいかなかったことの非は自分にあると認める
- 後ほど、相手のために時間を割くことを約束する
- こちらから相手への対応を勝手に決めつけるのではなく（後でお話を<u>聞きます</u>、ではなく）、相手側に、自分の対応について承諾してもらう（後でお話を<u>聞かせていただいても、よろしいですか</u>）

　これが、どう頑張っても相手の発言がわからなかった場合に、その方に対して最大限の尊重を見せる形だと思います。

②相手のポエム・自慢を聞かされたとき

　確かにウザいですよ。でも、これをウザいと切り捨てるか、見事に拾ってみせるかも、場づくりの腕の見せどころなのです。

　質疑応答の場で、質問者が始める自慢話は、プレゼンターのみならず、他の参加者の不興も買ってしまう行動です。あなただけでなく、みんな

図表 8 - 10 **不快な発言に反撃を行っても、場は悪くなるだけ**

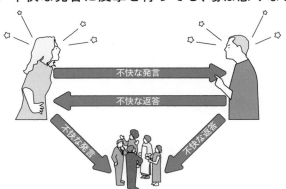

他の聞き手は、不快な言葉の応酬に
ずっとさらされていることに留意する

がイライラしている。しかしながら、その自慢話に対し「だから何？」みたいに切り捨てたとしても、意外なことには、他の参加者は拍手喝采をしてはくれません。これが大切な点です。

相手の不快な言動に対し、あなたもまた不快な言葉で応じたとしたら、聴衆はひたすらに「不快な言葉の応酬」を聞かされていることになります。不快な言葉は自分に向けられていなくても、不快なのです。あなたが自慢話を聞かされて不快感を高めたうえで、それに感情的な反撃を行ったとしても、その他の参加者の皆さんは、輪をかけて不快感が高まるだけなのです。

なお、不快な言葉を人々の面前で発してはいけないとする根拠に、「脳は主語・対象を理解しないから、どんな言葉も自分に向けられたものだと解釈してしまう」という説が唱えられることがありますが、私の知る限り、この説には根拠（となる論文）はありません。脳のある部分は主語を認識できていないことまでは明らかになっているようですが、「Aさんに不快な言葉を使うと、それを聞いていたAさん以外の人（自分自身を含む）は、自分に向けられた言葉だと解釈して不快になる」とする因果関係は検証されていないようです。「**誰に向けられたものだとしても、不快な言葉を聞くのは不快である**」というのが、現時点での科学的に妥当な解釈であろうと思います。

さて、「相手の自慢話を聞かされたときの対応」という難題を、どう攻略すればよいのでしょうか。これは、相手を素直な感情で称賛してしまうのが効果的な場のまとめ方です。皮肉でもなく、嘘臭さも出さずに相手の自慢話を素直に受け入れ、それはすごいことだ、なかなかできないことだ、と評価する。自慢話をした相手は、もちろん満足するし、他の参加者はあなたの器の大きさを評価する。人々は、気がつけば自慢話を聞かされた不満も立ち消え、場合によってはあれほどウザく感じていた自慢話ですら、素直な感情で敬意を持てるようになったりもします。

プレゼンターが包容力を示すことで、場全体の包容力をも高めることができ、お互いへの敬意を高めることにも寄与するのです。あなたの評価も高まり、自慢話をした人の立場も保障され、聴衆の感情も清らかなものになる。

いいですか、ポエム・自慢が始まったら腕の見せどころですからね、あなたの器量をフル活用して、場を包容力に満ちたものに変容させてみましょう！

③完全にやられたとき

これは、あります。私にだって、いくらでもあります。自分がよくよく吟味したつもりでも、相手が自分の主張の問題点を実に的確に突いて、自分の誤りを指摘してくれたとき。自分でも、それがはっきり、わかってしまったとき。こんなときは、どうすればよいのでしょうか。

この場合も素直に認めましょう。人間は完璧じゃない。指摘の点については、本当にそのとおりだった、私が間違っていたと認めてしまうことです。「**おっしゃるとおりです**」。この一言を知っているか否かは、大きいです。私も駆け出しの大学院生の頃、学会発表の場で負けを認めず必死で反論していましたが、終了後に指導教員から「中川君、ああいうシーンは単に『おっしゃるとおりです』と答えればいいんだよ」と教えてもらって、とても発表が楽になった覚えがあります。

完璧でなくてもよい。それで、あなたのプレゼンの価値は下がりません。どれだけ致命的な点を突かれたとしても、です。そのことを認めてしまった先に、「では、何が正しいのだろうか」という議論を人々と行うことができる。また、ある部分で誤りがあったとして、あなたのプレゼンには、まだまだ他に論点はいくつもあるのです。指摘の部分が誤っていれば、素直に誤りを認める。プレゼンは完璧でなくたっていい。それがわかると、プレゼンに臨む心理がだいぶ軽くなるはずです。

08

あなたが聞き手側に回ったとき

　最後に、本章の締めくくりとして、あなたが聞き手側に回ったときの振る舞い方について論じていきます。これまでの話の中でも、聞き手としての振る舞いについてある程度わかったかもしれませんが、最後に1点、お伝えしたいことがあります。

　少しだけ、自分語りをお許しください。再び、私が駆け出しの大学院生の頃に戻ります。今から20年くらい前、ただただ感謝しかない、先輩からの指導がありました。その方は当時、准教授で、私たちは一緒に、各地の工場の視察に飛び回っていました。

　尖りまくりの若手だった私は、当時、自分の考える大それた理論の検証に躍起でした。幸いなことには、どの現場でも、私の理論は当てはまりがよく、私は毎度、自分の仮説を検証することが楽しくてなりませんでした。

　しかし、そんな私の重要な問題を、先輩は鋭く指摘してくださったのです。

　「中川君は自分の質問が終わると、その後はあからさまに興味のない顔をしているよね」

　この言葉は、今でも忘れがたく、私の心にとどまっています。私が誰かと話をするときには、必ず、この若き日の自分の不誠実さを思い出しては、自戒の念を新たにします。

図表8-11　**無関心な聞き手が、場を破壊する**

　相手に関心を向け続けること。

　若造だった私は、自分と、自分の理論にしか興味を持っていなかったのです。そんな私に、大切な人とのコミュニケーションを教えてくださったのが、先輩のこの言葉でした。

　相手の話を、興味深く伺う。最大限、その場から情報や学びを得ようとする。これが、聞き手の立場であるときの、最も重要なことであると思います。

　ちょっとした小ネタ、ではありません。しゃべりや歌を仕事にしている人の多くが知っていたけれども、誰もこれまで表立って言ってこなかったことです。

　もはや1つの商品というジャンルを超えて、他の項目に並ぶ1コラムとして紹介しなければいけないのが、「龍角散ののどすっきり飴」です。喉の調子が悪いとき。騙されたと思って、龍角散の飴を使ってみましょう。基本の味となっているブルーの袋がお勧めです。驚くほど回復します！

　私は常時カバンの中に2袋入れており、YouTubeの撮影時や、研修、各種生放送の現場などでは、必ず忘れないようにしています。

図表8-12　**常時2袋を持ち歩く**

　これまでいろいろと試してみましたが、龍角散の飴を上回る効果のあるものは見つかっていません。

　これも一応理屈で説明すると、人の喉は、線毛運動による異物の排出と、自らの唾液による潤いで、修繕されています。龍角散のど飴は、この唾液の分泌を抜群に促進してくれます。やっぱり、ちゃんと理屈があって効いているわけなんですね。皆さんも、お試しあれ！

付録 プレゼンの実践例

- -

　世のプレゼン本に１つ不満があるとするならば、プレゼンのやり方を解説しておきながら、著者自身はプレゼンを披露しないことではないでしょうか。本というものの性質上、残念ながら、その中ではプレゼンを披露することができません。しかし、時代は進み、現代では誰もが無料で閲覧できる動画サイトが登場しています。

　そこで！　YouTube 連動、中川によるプレゼン見本を本書の付録として披露します。本書には、プレゼンのスクリプト（原稿）と、その解説、利用した資料のスライドを載せています。YouTube での見本例とセットで参考にしていただければ幸いです。

1 自己紹介
1分ツカミ

中川功一　Nakagawa Koichi

やさしいビジネススクール学長／株式会社やさしいビジネスラボ代表取締役
経営学者／YouTuber。経済学博士（東京大学）
専門は、経営戦略論・イノベーション・マネジメント、国際経営。
大阪大学准教授を経て独立。「アカデミーの力を社会に」を
ライフワークと位置づけ、学術知の普及による日本のビジネス力・
社会課題解決能力の底上げをめざす。

国内初の
経営学者YouTuber！
チャンネル登録4.7万人！

経歴
2008〜11年　駒澤大学経営学部講師
2012〜21年　大阪大学経済学部講師・准教授
2022年　現職

　皆さん、こんにちは。やさしいビジネススクールの中川と申します。今日はどうぞよろしくお願いいたします。

　私は、この「経営」というのが本当に素晴らしい概念だと思って、願わくば1人でも多くの人に伝えたいなと思っているんですけれど、この「経営」という言葉は、どういう意味だと思いますか？

　実はこれは、平安時代に仏教と一緒に入ってきた言葉なんですけれど、仏教の中で実はこの経の字ってめちゃくちゃ重要な意味なんですよ。なんたって、お経の「経」とか、「読経」「写経」の経の字がこの字じゃないですか。

　じゃあ、この「経」って何なんだということですが、同じ意味で使っているのが緯度・経度の経ですよ。頭の中でイメージしてください。緯度ってこれですよね。経度ってこっち。これなんですかこれ？　縦に一本筋を通すことなんですね。

　というわけで、己の信ずる正しい道を行く。正しいことを行う。筋の通ったことを行うというのが「経」ということでありまして、それを仲間と一緒に考えながら実践していく。それが「営む」。

　そのような意味で、この「経営」というものを願わくば、1人でも多くの人に知ってもらいたいなと思って、私はこうして活動しているわけなのです。私が言っている意味はわかりますね？　チャンネル登録、どうぞよろしくお願いいたします。

解説

　私が企業、自治体、商工会など各地で講義・講演をするときにいちばんよく使っているツカミです。自分の志、保有している知識や技能、キャラクターの3つを、総合的に伝えられる内容にしています。また、相手の緊張を緩和し、場の空気をつくることもできます。

　最初からこれを思いついていたわけではありません。短くまとめることができ、上述のことを端的に伝えられる方法として、何度も場数を踏んで、磨き込んでいく中で、出来上がっていきました。

▶ **POINT① 自己紹介資料を見せながら、一度として自己紹介資料の内容に触れない**

　これくらいの時間があれば十分に資料も読み切ることができますから、しゃべる必要はありません。その証拠に、最後の「チャンネル登録しましょうね」でオチがつくのは、皆さんが資料を一通り見ている証拠です。

　肩書きや経歴がややゴツく、それを説明し始めると鼻につく自慢話になりかねないこともあり、内容とはまったく関係のないツカミのトークをしています。

　資料としては、右上と左下には画像しか入れない（第6章04「グーテンベルクダイヤグラム」を参照）。ここの部分に文章があると重くなり、視線も定まらなくなります。背景に色をつけたりもしません。

▶ **POINT② 最大限、相手に考えてもらうようにする**

　なるべく問いかけることで、能動的に、相手に脳を使ってもらう形式にしています。

付録　プレゼンの実践例

▶ YouTube

https://youtu.be/jh_7y1FEdX4

2 社内プレゼン
会議での経営状況の報告

大宮店　9月の状況

- 売上高は予算比85％の●●●万円。
- 残暑が厳しく、客足が悪化した。
- 10月は週末イベントを3回実施予定。
- 気温も下がり、客足回復が見込まれることから、前月の予算未達分をここで取り戻したい。

スクリプト

　それでは、今から弊社大宮店の9月期の状況について説明したいと思います。

　売上高は率直なところ、予算比85％の着地となってしまいました。まあでも、その原因というのは、もう猛暑であって、とんでもない9月の猛暑ゆえに客足が遠のいた。そもそも街中にほとんど人もいらっしゃらなかったというところで、予算未達となってしまったわけです。

　これに対して10月からはかなり気候も穏やかになってくるでしょう。そして、これからの冬のシーズンに向けて、週末のイベントを3回ほど実施していこうと思います。そこをしっかり務めて、前月の予算未達分をしっかり取り返していきたいなと思っておりますので、皆さん、今日も笑顔で下を向くことなく、1日頑張っていきましょう。

　以上になります。よろしくお願いします。

解説

　架空のチェーン店小売業者を想定して、同店のスタッフ陣に向けて社内会議で先月の経営状況を報告している際のプレゼンと資料です。率直に事業概況をシェアするのは、近年の経営のトレンドですね。そんなあたりも伝われば。

▶ **POINT① オーセンティック（真心からの言葉）であること**

スタッフに向けた社内会議での経営状況の報告は、現状を客観的に伝えることにねらいがあるわけではないでしょう。それ以上に、社内の意識を揃え、モチベーションを高めたり、共同で問題解決をすることに主眼があるはずです。その意味で、経営業績の悪さも素直な感情で伝えたうえで、自分の意見・アイディアを述べつつ、みんなからも話しやすい空気をつくっていくことを意識しています。

▶ **POINT② STAR形式を採用している**

現状はどうか、本来どうあるべきか、それではどう対策を立てるか、その結果として何をねらうか、というSTAR形式を採用しています。対策案と、そこでねらいとする結果までを発表するほうが、生産的な場になるという考えからです。

会議の場では、発表者には、なるべく対策案まで盛り込むようにすることをお勧めします。そのほうがメンバーの能力開発が進みますし、議論が深まります。誰もがそういう姿勢で会議に臨むことで、生産的な場がつくられるはずです。

▶ **POINT③ 明るく楽観的に振る舞う**

数字の話は暗くなりがちですが、良い数字はもちろん、悪い数字についても率直に伝え、なんとかなるさと気楽に構える。場をつくることはプレゼンターの仕事！ 暗くなって良いことは何もないのだから、つくるべき場は、安心して働けて、安心して意見が言える状況です。会議は、場づくりこそが勝負なのです！

▶ **POINT④ 資料自体はシンプルにする**

重要な内容が多く詰まっているこうした月次会議では、資料が複雑になりすぎてしまう傾向があります。必要なことが網羅的に書いてあるよりも、大切なことが端的に記されているほうが、会議後の個別のアクションを考慮するならば、有効であるはずです。

プレゼンが、人に働きかけ、人に正しい行動をとってもらうためのものであるならば、効果から逆算して、最大限に効果が上がる形をこそ、資料とプレゼンで追求すべきです。会議のための会議、報告のための報告をしても仕方がないですし、そのための資料準備に多大な時間を割くことも、見直すべきでしょう。

▶ YouTube
https://youtu.be/wQdNTRl-wz0

③ 社外プレゼン
自社ブランド商品の提案

弊社ブランドの紹介

弊社デザイナーのキョウコが外反母趾の
母のためにつくったブランドです。

アクティブシニアの女性に向けた、
オシャレをあきらめないコンフォートシューズ。
街に出かけたくなる。公園を散歩したくなる。
笑顔で履いていただける靴。

国産にこだわる。国内の生産者を応援したい。

スクリプト

　本日はどうぞよろしくお願いします。今日は、私たちが扱っている商品と弊社ブランドが
どういうものなのか。ちょっと紹介させてもらおうと思います。

　こちらの商品になりますが、弊社のデザイナーのキョウコが、外反母趾のお母さんのため
につくったブランドなのです。というのも、今日のアクティブシニアの世代の方たちって、
皆さん本当にバブル期から一生懸命、努力をされてこられて、この社会に出始めた最初の世
代の女性で、本当にご立派でいらっしゃるわけなのです。

　この世代の人たちが1つだけかわいそうなのが、当時、ハイヒールを履かなければいけな
かったのです。なので、非常にこの世代の人たちが、外反母趾の問題を抱えていらっしゃる
わけなのです。とりわけアクティブで、とりわけ一生懸命活躍していた人たちほど、こうい
う問題にさいなまれているということで、そんな人たちを救えればと思っています。

　ということで、アクティブシニアの女性に向けた、オシャレをあきらめないコンフォート
シューズとしてご提案させていただきました。そんなわけで、この靴は、履いたらオシャレ
でウキウキ街に出かけたくなる、公園を散歩したくなる、笑顔で履いていただける靴という
ことになっています。

　そんな中でも、弊社としてもう1つこだわっているのが、国産ということです。実はこの
靴は神戸の長田あたりで生産をしていますが、この地は震災のときに本当に焼け野原になっ
てしまいまして、そこからの復興の中で、どうか国内の生産者さんたちを応援したいという

ことで、国産ということ、もちろん、品質にこだわってつくっているわけです。

ぜひ、弊社ブランドを採用してもらえたらと思っています。

解説

　中川が架空の靴メーカーの営業マンになったつもりで、自社ブランド商品について、初めてのお客様にまず概要を説明する、という設定でプレゼンをしてみました。

▶ POINT① 情緒と商業性を両立する

　本書での説明を使えば、ロゴス・パトス・エトスを同時に示せるようなトークをテーマとしています。社会にとって善きことであり、かつ、それが商業的価値を有しているということを伝える。そのどちらにも立脚している人物であることが相手に伝わるような話しぶりを心がけています。

　商品説明においても、機能とストーリーをバランスよくお伝えするようにしています。

▶ POINT② ３点に絞る

　こちらも本文で解説したとおり。ブランドの売り、顧客に知ってもらいたいことを３つまでに絞って、印象に残るように工夫しています。

▶ POINT③ 儲かるのか、という話はしない

　商品の価値を理解していただき、最終顧客への訴求ポイントなどを伝えることに重点を置き、いきなりお金の話をしない、というのも大切な点です。商品の価値を理解してもらえていない中で、取引の話をしても、良いことはありません。まずは、価値を伝えること。

　なお、このプレゼンについては、靴業界の方から営業方法についてヒアリングしました。その方からは服装、髪型、表情、声色まで、誠実な人柄であり、かつ、ファッションに造詣が深いことが伝わってきました。そうした部分が、営業の仕事では大切なのだと。まさに「人は見た目が９割」の「メラビアンの法則」のとおりですね。

▶ YouTube

https://youtu.be/N7jetoeD1Gg

取材協力：株式会社Asso International（Miss Kyouko）芦田道生さん、渡部互芸さん

参考文献

アリストテレス
1992.『弁論術』戸塚七郎訳, 岩波書店.

池谷裕二
2001.『記憶力を強くする──最新脳科学が語る記憶のしくみと鍛え方』講談社ブルーバックス.

石井遼介
2020.『心理的安全性のつくりかた──「心理的柔軟性」が困難を乗り越えるチームに変える』日本能率協会マネジメントセンター.

稲盛和夫
2004.『生き方』サンマーク出版.

井上ひさし
2011.『ふかいことをおもしろく──創作の原点（100年インタビュー）』PHP研究所.

上田安希子
2008.「日本人はどのように意見を述べるのか──日米の「グループの中で意見を述べる」談話の対照分析から（井出祥子教授記念論文集）」『日本女子大学英米文学研究』43：21-36.

大石沙耶・土方嘉徳
2020.「SNSにおける投稿内容が引き起こす嫉妬に関する基礎調査」『人工知能学会全国大会論文集』第34回.

大竹文雄
2005.『日本の不平等──格差社会の幻想と未来』日本経済新聞出版社.

岡本卓也
2017.「SNSストレス尺度の作成とSNS利用動機の違いによるSNSストレス」『信州大学人文科学論集』4：113-131.

オスターワルダー, アレックス／イヴ・ピニュール／グレッグ・バーナーダ／アラン・スミス
2015.『バリュー・プロポジション・デザイン──顧客が欲しがる製品やサービスを創る』関美和訳, 翔泳社.

小野義正
2004.「わかってもらえる英語のしゃべり方──わかりやすい英語表現, 原稿を読むことの可否, 発表原稿およびメモの書き方」『日本機械学会誌』107(1031):825-828.

カーネギー, D.
2016.『人を動かす(文庫版)』山口博訳, 創元社.

川添愛
2021.『言語学バーリ・トゥード──Round1 AIは「絶対に押すなよ」を理解できるか』東京大学出版会.

金水敏
2014.『コレモ日本語アルカ?──異人のことばが生まれるとき』岩波書店.

後藤学・宮城速水・大坊郁夫
2004.「社会的スキル・トレーニングの効果性に関する検討──得点変化のパターンにみる参加者クラスタリングの試み」『電子情報通信学会技術研究報告』104(198):7-12.

小林盾・谷本奈穂
2016.「容姿と社会的不平等──キャリア形成, 家族形成, 心理にどう影響するのか」『成蹊大学文学部紀要』51:99-113.

齋藤孝
2004.『コミュニケーション力』岩波新書.
2019.『大人の読解力を鍛える』幻冬舎新書.

サラスバシー, サラス
2015.『エフェクチュエーション──市場創造の実効理論』加護野忠男監訳, 高瀬進・吉田満梨訳, 碩学舎.

シュタール, シュテファニー
2021.『「本当の自分」がわかる心理学──すべての悩みを解決する鍵は自分の中にある』繁田香織訳, 大和書房.

シリロ, フランチェスコ
2019.『どんな仕事も「25分+5分」で結果が出る──ポモドーロ・テクニック入門』斉藤裕一訳, CCCメディアハウス.

大坊郁夫
2006.「コミュニケーション・スキルの重要性」『日本労働研究雑誌』48(1):13-22.

田口賀也
2012.「日本人英語学習者に対する意味を意識した発音指導方法」『経済論集』37(2):91-106.

竹内一郎
2005.『人は見た目が9割』新潮社.

チクセントミハイ，M.
1996.『フロー体験──喜びの現象学』今村浩明訳, 世界思想社.

堤雅雄
2006.「嫉妬と自己愛──自己愛欲求が嫉妬感情を喚起させるのか」『島根大学教育学部紀要』39: 39-43.

坪山雄樹
2011.「組織ファサードをめぐる組織内政治と誤解──国鉄財政再建計画を事例として」『組織科学』44(3):87-106.

照屋華子・岡田恵子
2001.『ロジカル・シンキング──論理的な思考と構成のスキル』東洋経済新報社.

ドラッカー，ピーター・F.
2001.『マネジメント(エッセンシャル版)──基本と原則』上田惇生編訳, ダイヤモンド社.

中野珠実
2009.「乳児期初期の学習に関する神経メカニズムの解明」東京大学大学院教育学研究科博士学位論文.

野中郁次郎・竹内弘高
2020.『知識創造企業(新装版)』梅本勝博訳, 東洋経済新報社.

畑中清博・大辻永
2002.「子どもにおける「科学の楽しさ」とは何か──子ども科学博物館における展示物への評価から」『日本科学教育学会年会論文集』26:177-178.

フィッシャー，ロジャー／ウィリアム・ユーリー
2011.『ハーバード流交渉術──必ず「望む結果」を引き出せる!』岩瀬大輔訳, 三笠書房.

藤本隆宏・新宅純二郎・粕谷誠・高橋伸夫・阿部誠
2005.『リサーチ・マインド──経営学研究法』有斐閣.

藤本学
2013.「コミュニケーション・スキルの実践的研究に向けたENDCOREモデルの実証的・概念的検討」『パーソナリティ研究』22(2):156-167.

─────・大坊郁夫
2007.「コミュニケーション・スキルに関する諸因子の階層構造への統合の試み」『パーソナリティ研究』15(3):347-361.

プラトン
1998.『パイドン──魂の不死について』岩田靖夫訳, 岩波文庫.

ホワイト，M.
1994.『ガリレオ・ガリレイ──地動説をとなえ, 宗教裁判で迫害されながらも, 真理を追究しつづけた偉大な科学者』日暮雅通訳, 偕成社.

前野隆司
2006.「意識の起源と進化──意識はエピソード記憶のために生じたのか」『現代思想』34(2):224-239.

松下幸之助
2004.『素直な心になるために』PHP文庫.

マレービアン，A.
1986.『非言語コミュニケーション』西田司・山口常夫・岡村輝人・津田幸男訳, 聖文社.

溝口耕三・岡本健久・田中洪
1999.「選択的注意から見た「慣れ」の測定法の研究」『日本音響学会誌』55(5):343-350.

吉田翔吾郎・土方嘉徳
2015.「ソーシャルメディアにおける嫉妬心と行動の相関に関する基礎的調査」『Webインテリジェンスとインタラクション研究会 予稿集』第6回:13-14.

渡邊正孝・船橋新太郎編
2015.『情動と意思決定──感情と理性の統合(情動学シリーズ4)』小野武年監修, 朝倉書店.

Bargh, J. A., M. Chen, and L. Burrows.
1996. "Automaticity of social behavior: direct effects of trait construct and stereotype activation on action." *Journal of Personality and Social Psychology* 71(2):230-244.

Berlo, D. K.
1960. *The Process of Communication: An Introduction to Theory and Practice*. Holt, Rinehart and Winston.

Cherry, E. C.
1953. "Some Experiments on the Recognition of Speech, with One and with Two Ears." *Journal of the Acoustical Society of America* 25(5): 975-979.

Cook, S.
2009. *Coaching for High Performance: How to Develop Exceptional Results Through Coaching*. IT Governance.

Cowan, N.
2001. "The Magical Number 4 in Short-Term Memory: A Reconsideration of Mental Storage Capacity." *Behavioral and Brain Sciences* 24(1): 87-114.

Deming, D. J.
2017. "The Growing Importance of Social Skills in the Labor Market." *Quarterly Journal of Economics* 132(4): 1593-1640.

DiMaggio, P. J. and W. W. Powell.
1983. "The Iron Cage Revisited: Institutional Isomorphism and Collective Rationality in Organizational Fields." *American Sociological Review* 48(2): 147-160.

Glanzer, M., and A. R. Cunitz.
1966. "Two storage mechanisms in free recall." *Journal of Verbal Learning and Verbal Behavior* 5(4): 351-360.

Hamermesh, D. S.
2011. *Beauty Pays: Why Attractive People Are More Successful*. Princeton University Press(ダニエル・S・ハマーメッシュ『美貌格差——生まれつき不平等の経済学』望月衛訳, 東洋経済新報社, 2015年).

Heider, F., and M. Simmel.
1944. "An Experimental Study of Apparent Behavior." *The American Journal of Psychology* 57(2): 243-259.

Herrick, J. A.
2020. *The History and Theory of Rhetoric: An Introduction*. Routledge.

Hymes, D. H.
1972. "On Communicative Competence." In Pride, J. B. and J. Holmes eds., *Sociolinguistics: Selected Readings*, Penguin Books, 269-292.

Kataoka, N., Y. Shima, K. Nakajima, and K. Nakamura.
2020. "A Central Master Driver of Psychosocial Stress Responses in the Rat." *Science* 367 (6482): 1105-1112.

Letrud, K.
2012. "A Rebuttal of NTL Institute's Learning Pyramid." *Education* 133(1): 117-124.

McCarthy, E. J.
1960. *Basic Marketing: A Managerial Approach*. Richard D. Lrwin.

McCloskey, D.
2007. "How to Buy, Sell, Make, Manage, Produce, Transact, Consume with Words." University of Illinois mimeo.

Miller, G. A.
1956. "The Magical Number Seven, Plus or Minus Two: Some Limits on Our Capacity for Processing Information." *Psychological Review* 63(2): 81-97.

Quinn, J. M., A. Pascoe, W. Wood, and D. T. Neal.
2010. "Can't Control Yourself? Monitor Those Bad Habits." *Personality and Social Psychology Bulletin* 36(4): 499-511.

Schultz, D. E., S. I. Tannenbaum, and R. F. Lauterborn.
1993. *Integrated Marketing Communications: Pulling It Together and Making It Work*. NTC Business Books.

Shackel, B., and S. Richardson eds.
1991. *Human Factors for Informatics Usability*. Cambridge University Press.

Shannon, C. E., and W. Weaver.
1949. *The Mathematical Theory of Communication*. University of Illinois Press（C・E・シャノン／W・ヴィーヴァー『コミュニケーションの数学的理論——情報理論の基礎（第3版）』長谷川淳・井上光洋訳, 明治図書出版, 1977年）.

Simon, H. A.
1971. "Designing Organizations for an Information-Rich World." In Greenberger, M. ed., *Computers, Communications, and the Public Interest*, Johns Hopkins Press, 37-52.

Tversky, A., and D. Kahneman.
1981. "The Framing of Decisions and the Psychology of Choice." *Science* 211(4481): 453-458.

Watanabe, Y., and Y. Ikegaya.
2017. "Effect of intermittent learning on task performance: a pilot study." *Journal of Neuronet* 38: 1-5.

Wrench, J. S., N. M. Punyanunt-Carter, and K. S. Thweatt.
2020. *Interpersonal Communication: A Mindful Approach to Relationships*. Milne Library Publishing.

参考文献

【著者紹介】
中川功一（なかがわ　こういち）
1982年生まれ。2004年東京大学経済学部卒業。08年同大学大学院経済学研究科博士課程修了。経済学博士（東京大学）。駒澤大学経営学部講師、大阪大学大学院経済学研究科准教授などを経て独立。現在、株式会社やさしいビジネスラボ代表取締役、オンライン経営スクール「やさしいビジネススクール」学長。専門は経営戦略、イノベーション・マネジメント。「アカデミーの力を社会に」を使命とし、スクール事業を軸に、研修・講演、コンサルティング、書籍や内外のジャーナルへの執筆など、多方面にわたって経営知識の研究・普及に尽力している。YouTubeチャンネル「中川先生のやさしいビジネス研究」では、経営学の基本講義とともに、最新の時事解説のコンテンツを配信している。主な著書に『技術革新のマネジメント』『戦略硬直化のスパイラル』（ともに有斐閣）、『ど素人でもわかる経営学の本』（翔泳社）、『13歳からのMBA』（総合法令出版）、『経営戦略』（共編著、中央経済社）、『考える経営学』（共著、有斐閣）などがある。

経営学者×YouTuber×起業家の著者が教える
一生使えるプレゼンの教科書

2024年2月6日発行

著　　者──中川功一
発行者──田北浩章
発行所──東洋経済新報社
　　　　　〒103-8345　東京都中央区日本橋本石町1-2-1
　　　　　電話＝東洋経済コールセンター　03(6386)1040
　　　　　https://toyokeizai.net/

ブックデザイン・DTP……小林祐司
イラスト……………………本村　誠
印刷・製本…………………丸井工文社
編集担当……………………川村浩毅／佐藤　敬
©2024 Nakagawa Koichi　　　Printed in Japan　　　ISBN 978-4-492-55831-7